―――――― 3분 만에 달인이 되는 독해 비법들

**문법을 전혀 몰라도
성인부터 초등까지
왕 초보에서 고급까지**

3분만 배우면
바로 읽는 독해비법

Charles Lee

출판사: Rainbow Consulting
저자: Charles Lee

3분만 배우면
바로 읽는 독해 비법

First Edition
Copyright © 2007 by Rainbow Consulting.

2nd Edition 2009년 3월

All rights reserved. No part of this publication may be reproduced, stored in a retrieval system, or transmitted in any form or by any means, electronic, mechanical, photocopying, recording, or otherwise, without the prior permission of the copyright owner.

본 교재의 독창적인 내용에 대하여 일부이거나, 전체이거나, 어떤 형태로든지 저자의 사전 허락을 받지 않은 일체의 무단 복제나 모방은 법률로 금지되어 있습니다.

내용에 대한 이용을 원하는 당사자 (일부이거나 전체이거나, 어떠한 방법을 불문하고)는 출판사나 저자에게 사전 연락을 하시기 바랍니다.

연락처:
레인보우 컨설팅
Web page: http://www.rainbowcollege.com
E-mail: webmaster@rainbowcollege.com

머리말

영어의 문이나 글을 이해하는 것은 언어적으로 보면 한글보다 더 어려운 특성이 있다. 그 중 한국인들이 영어를 해석하기 곤란하게 만드는 어려움 중 가장 주된 원인들은 다음 3가지라고 볼 수 있다.

① 영어는 한글과 다르게 단어와 "구와 절"의 배열 순서에 의해 의미가 전달되어 혼동된다. 이 순서는 다음과 같은 3가지의 순서가 합해져 더욱 어렵게 된다.

- "문의 기본 순서": 문의 5형식이라고 알고 있는 순서로 사실은 1 가지 순서이다.
- 문에서 "수식어가 적힌 순서"
- "구와 절이 적힌 순서" 및 구와 절의 문에서의 위치

② 영어는 똑 같은 표현이 여러 의미를 갖고 있어 혼동된다. 이러한 표현은 보통 문에서 일정한 위치에 있을 때 1가지의 의미로 결정된다.
"to drink Coke", "drinking Coke", "that you drink Coke" 등의 예

③ 영어는 1 단어 또는 1 가지 표현이 여러 의미로 쓰여 지므로 혼동된다.
that, which, when, where, 동사ing, to동사 등

이러한 이유로 **영어는 단어만 암기한다고 해석할 수 있는 언어가 아니다.**
그래서 사전이 있어도, 또는 단어를 알아도, 강사의 설명을 들어야 영어로 적힌 문이나 글을 이해할 수 있는 일들이 일어나는 것이다. 강사는 해석을 대신 해주거나, 강사의 설명의 대부분은 어디에서 that이 빠졌고, 어디가 명사구이고, 어디가 명사절이고... 주어는 어디에 있고, 무엇이 동사이고... 등을 장황하게 설명하는 것이다. 그러한 설명을 얼마 동안이나 들어야 혼자 힘으로 다른 사람의 도움이 없이 그러한 문들을 정확히 이해할 수 있는 것일까?

이러한 어려움을 단 시간에 해결하는 법으로 초등학생이나 왕초보 성인이나 단지 몇 분 ~ 몇 시간만 배워도 끝낼 수 있는 교육법이 이 책에는 비법으로 들어 있다. 이 책은 단순히 문법에 대한 지식을 나열한 책이 아니라, 영어를 쉽게 해석하는 효과적인 교육법이 들어 있다.

책에 대한 질문 사항이나 언어 교육학적인 논의를 원하시는 분은 아래의 연락처로 연락을 해 주시면 성의껏 답장을 해 드리겠습니다.

감사합니다.

저자 Charles Lee

저자: Charles Lee

Charles Lee는 영어 교육 전문가입니다.

Waikato University에서 Applied Linguistics를 전공, 석사 졸업하고,
Auckland University에서는 English Language Teaching을 전공, Graduate Diploma를 취득하였습니다.

저자는 해외에서 10여년 거주하는 동안, 대학의 설립과 학장을 역임하고,
국내에서는 여러 영어 전문 학원의 원장을 하였습니다.
또한 영어 강의를 계속하며 단지 몇 분만에도 영어 실력의 향상을 입증할 수 있는
효과적인 영어 교육법 CAS를 연구, 개발하였습니다.

몇 년 전에 개발한 초기 CAS 교육법으로 단지 3 개월을 영어를 배운 초등학생들이
한국의 보통의 대학생들보다 영어를 더 잘하는 동영상을 공개하고 있습니다.
Http://www.rainbowcollege.com
이 동영상은 전혀 광고를 하지 않아도 영어 학습의 블로그에서
인기 있는 동영상이 되고 있습니다.

현재 이 교육법은 더욱 효과적인 영어 교육법으로 개발되어,
영작, 독해, Speaking, 문법에 대하여 저작권 등록을 마치고 출판으로 이어지고
있습니다.

저자는 현재는 영어 강의를 하며 영어 교육서를 시리즈로 집필하고 있으며
효과적인 책의 출판을 위해 출판사를 설립하였습니다.
또한 영어 공부에 장기간을 투자해도 효과가 없는 영어 교육법을 버리고,
단기간에 실질적으로 영어 실력을 향상시킬 수 있는 효과적인 영어 교육법을
꾸준히 연구하고 있습니다.

이러한 효과적인 영어 교육법을 바탕으로 영어 전문 교육 프랜차이즈를 준비하고
있습니다.

책의 구성

이 책의 구성은 다음과 같다.

책의 왼쪽은 설명, 오른쪽은 연습문제와 답을 배열하였다.
각 페이지마다, 왼쪽은 설명, 오른쪽은 설명에 대한 연습문제와 답이 있다.

3분 비법
모든 설명에는 3분 내에 이해할 수 있도록 "3분 비법"을 box로 만들어 놓았다.

> **3분 비법**
>
> 영어는 단어, 수식어, 구/절의 배열 순서를 알아야 해석할 수 있다.
> 한글은 조사 및 정해진 표현을 알아야 해석할 수 있다.

"요점, 질문, 문법"은 box로 알기 쉽게 표시하였다.

요점:
설명을 요약하여 이해가 쉽도록 하였다.

질문:
독자들이 의문을 가질만한 질문을 설명하였다.

문법:
문법 용어를 알지 못해도 해석하는 방법을 배울 수 있지만,
문법 용어를 알기를 원하는 독자들을 위하여 문법 용어를 설명하였다.

> **Tips**
>
> 문법: 문의 5형식을 제발 배우지 마라!
>
> 한국인들이 문의 5 형식이라고 배우는 것은 "문의 기본 순서" 1가지를 복잡하게
> 5가지로 나누어 설명한 것이다.
> 기본 순서를 1가지로 배우면, 단지 3분이면 배울 수 있다.

연습문제
왼쪽에서 배운 내용을 연습할 수 있도록 오른 쪽에 연습문제를 두었다.

Exercise

틀리기 쉬운 해석
틀리기 쉬운 해석은 아래와 같이 비교를 하여 쉽게 이해할 수 있도록 하였다.

Mistakes

영어	틀리는 해석	맞는 해석
I got drunk.	나는 술 취함을 당했다.	나는 술 취했다.
I got fat.	나는 뚱뚱하다.	나는 뚱뚱해지기 시작했다.

독해를 위한 실전 3단계 배우기
해석을 할 때 3단계를 따르면 누구나 틀리지 않게 쉽게 해석할 수 있다.
이 방법으로 해석을 하면, 누구나 고급의 문도 효과적으로 해석을 할 수 있다.

혼동되는 해석에 대한 비밀과외
해석을 할 때 혼동되는 해석에 대해 종합적으로 이해할 수 있도록 하였다.

종합문제
독해: 종합 1
독해: 종합 2

이 책에서 배운 "3분 비법"을 종합적으로 연습 할 수 있게 연습 문제를 추가 하였다.

종합 문제 1에서는 문의 해석을 연습을 할 수 있는 다양한 문을 추가하였다.
종합 문제 2에서는 장르별 글을 추가하여 배운 해석의 방법을 실제로 연습할 수 있도록 하였다.

부록
특히 해석할 때 혼동되는 단어들을 모아 함께 설명을 한 부록은 해석에 많은 도움을 주리라고 본다.

Contents

A. **해석의 기본** p.1

1. 영어와 한글은 해석법이 다르다.
2. 영어의 해석이 어려운 이유 및 쉽게 해석하는 법
3. 명사, 형용사, 동사, 부사의 구분 ~ 3분이면 배운다.
4. 구와 절
5. 한글의 규칙 1: 기본 순서와 수식어에 붙는 표현
6. 한글의 규칙 2: 구/절에 붙는 표현

B. **영어의 순서** ~ 3분 만에 배우기:
  순서를 배우면, 고급 문도 바로 해석한다. p.15

1. 기본 순서: 1 가지 순서
2. 수식어의 순서: 바로 앞/ 바로 뒤, 문의 끝
3. 구/절의 순서: 1가지 순서

C. **문법을 몰라도 고급 문을 바로 해석하는 법** p.23

1. 수식되는 것과 수식어 ~ 한꺼번에 몽땅 배운다.
    1.1. 수식되는 것
    1.2. 수식어
        (1) 수식어 찾기 1: 바로 앞/ 바로 뒤, 문의 끝
        (2) 수식어 찾기 2: 예외
        (3) 수식어의 해석:

2. 주어, 목적어 찾기
   2.1. 주어, 목적어 찾기 1: 비법으로 찾는다.
   2.2. 주어, 목적어 찾기 2: 예외 ~ 주어가 문의 처음에 없는 경우
   2.3. 주어, 목적어 찾기 3: 특별한 it, 절의 주어가 없는 경우

3. 보어 찾기

4. 동사 찾기: 괄호를 하고 나면 "기본동사"는 쉽게 찾는다.
   4.1. "기본동사" 찾기
   4.2. 동사 찾기 ~ 예외: 해석에 조심할 동사
   4.3. 동사 찾기 ~ 예외: 조동사 be/have, 동사/주어 없음
   4.4. 동사 찾기 ~ 예외: (동사ing)는 동사가 아니다.
   4.5. 동사 찾기 ~ 예외: (동사ed)는 동사가 아닐 수 있다.
   4.6. 동사 찾기 ~ 예외: "동사ing, 동사ed"가 형용사

5. 구와 절 찾기와 해석: 괄호를 찾고 만드는 법, 해석의 방법
   5.1. 구/절 찾기 1
   5.2. 구/절 찾기 2 ~ 안 보이는 구/절 찾기
   5.3. 구/절의 해석:
      (1) 명사구/절, 형용사구/절의 해석
      (2) 부사구/절의 해석
         가) 부사구/절의 해석 1: 문의 끝에 온 경우
         나) 부사구/절의 해석 2: 접속사가 있는 경우/
                        접속사가 안 보이는 경우

   5.4. 구/절의 주어
      (1) 구/절의 주어 찾기 1
      (2) 구/절의 주어 찾기 2 ~ 찾기 힘든 경우

D. 시제 (현재, 과거, 미래), 진행, 완료의 해석   p.67

1. 현재, 과거, 미래를 구분하고, 해석하는 법
2. 진행: be + 동사ing
3. 완료: have + 동사ed
4. 주의해야 할 시제 해석

E. 조동사   p.77

1. 조동사의 해석 1: 동사와 함께 해석한다.
2. 조동사의 해석 2: 조심해야 할 해석

F. 수동태의 해석   p.83

1. 수동태 1: "be + 동사ed", "get + 동사ed"
2. 수동태 2: 특별 동사 ~ 수동태가 아니어도 수동 해석

G. if~   p.89

1. if가 있는 해석 1 ~ 영어와 한글의 시제 해석이 <u>같은</u> 경우
2. if가 있는 해석 2 ~ 가정법: 영어와 한글의 시제 해석이 <u>다른</u> 경우
3. 예외의 if ~ if가 없어도 가정법/ if가 없어도 "~면"으로 해석
4. 일부가 생략된 가정법

H. 고급 문을 바로 읽을 수 있는 실전 해석법
    ~ 1 시간 정도만 배워도 끝난다.   p.99

1. 해석 1 단계 ~ 주어부터 동사까지 해석, 괄호하기
2. 해석 2 단계 ~ 동사 뒤 순서의 해석, 괄호하기
3. 해석 3 단계 ~ 수식어와 수식되는 것의 의미의 연결

I. 질문의 해석   p.107

1. 질문을 찾는 방법
    1.1. 질문 1: 조동사가 처음
    1.2. 질문 2: be 동사가 처음
    1.3. 질문 3: wh~가 처음
2. 주의 할 질문 표현: wh~ 앞에 전치사가 있는 경우
3. 질문과 혼동되는 표현: wh~가 있어도 질문이 아닌 표현

J. 부정문, 명령문, 감탄문, 도치문의 해석   p.119

1. 부정문
2. 명령문
3. 감탄문
4. 도치문
    4.1. 도치 1: 주어가 처음이 아닌 경우
    4.2. 도치 2: 주어가 동사 뒤에 나온 경우

K. 혼동되는 해석에 대한 비밀과외   p.131

1. 한 개의 표현이 여러 의미인 경우
    1.1. wh~의 해석: 명사절, 형용사절 (관계사), 부사절, 질문
    1.2. "동사ing"의 해석: 명사구, 형용사구 (분사), 분사 구문, 진행
    1.3. "동사ed"의 해석: 형용사구 (분사), 분사 구문, 과거의 표현
    1.4. "to 동사"의 해석: 부정사 (명사구, 형용사구, 부사구)
    1.5. 괄호 (전치사 + 명사)의 해석: 형용사구, 부사구, 보어
    1.6. that의 해석: 명사절, 형용사절 (관계사), 부사절, 명사, 한정사
2. 부사의 위치
3. 쉼표의 해석
4. as ~ (as), so (that), so ~ (that), such ~ (that)
5. be + 형용사 + (to동사)/ (동사ing)/ (that절)/ (전치사)

6. 전치사/ 부사로 쓰이는 단어
7. 접속사/ 전치사로 쓰이는 단어
8. 접속사/ 부사, 기타로 쓰이는 단어
9. of의 해석
10. too ~ (to), enough (to), used to, have got to, have got
11. 비교의 표현: 원급, 비교급, 최상급:
    as/so ~ (as ~), ~er/ ~est의 해석

추가 문제   p.149
독해: 종합 1 ~ 추가 문제 (문의 해석)
독해: 종합 2 ~ 추가 문제 (다양한 장르의 글)

부록   p.181

1. 인칭대명사의 변화
2. wh~의 변화
3. be/ have/ do의 변화
4. 주의 할 형용사 ~ 형용사이지만 ~ing/ ~ed로 끝나는 것
5. "의미"가 혼동되는 단어들
6. 조동사의 종류 및 의미

영어는 단어만 안다고 말을 하거나, 영작을 할 수 있는 언어가 아니다. 10년을 영어 공부를 해도 이것을 모르면, 영작, Speaking, 독해, 듣기가 안된다. "3 분 영어"는 간단히 해답을 보여 준다.

A. 해석의 기본

1. 영어와 한글은 해석법이 다르다.

~ 영어는 단어를 안다고 해석을 할 수 있는 것이 아니다.

3분 비법

> 영어는 단어, 수식어, 구/절의 배열 순서를 알아야 해석할 수 있다.
> 한글은 조사 및 정해진 표현을 알아야 해석할 수 있다.

영어의 해석 법:
영어는 근본적으로 의미를 전달하는 방법이 한글과 다르기 때문에 해석을 잘할 수 있는 방법을 배워야 쉽게 이해할 수 있다.
그 방법은 문에서 단어, 수식어, 구/절이 배열된 순서를 배우는 것이다. ☞ p.15
영어는 3가지 배열 순서를 모르면 단어의 의미를 알아도 해석이 어렵다.

한글의 해석 법:
한글은 단어의 배열순서가 아닌, 조사 및 정해진 표현으로 의미가 전달된다.

한글의 조사 및 정해진 표현: ☞ p.10
- 주어: "은/는/이/가"
- 동사: "ㄴ다"
- 목적어: "에게"
- 목적어: "을/를", "~다고/ 라고"
- 보어: "게, (으)로", "~다고/ 라고…"

예: 우리<u>는</u> 그<u>에게</u> 우리의 차<u>를</u> 빌려주었<u>다</u>.

문에서 명사, 형용사, 부사에 붙는 한글의 정해진 표현 규칙:
- 명사는 "은/는/이/가", "을/를"…이 붙는다.   예: 그가, 그를
- 형용사는 "ㄴ/ㄹ/의"가 붙는다.   예: 귀여운/ 만날/ 한국의
- 부사는 "ㅔ/ㅣ", 기타의 표현이 붙는다.   예: 빠르게, 빨리

Tips

요점: 영어와 한글의 비교:

아래 문의 예처럼, the dog는 순서만 다르고, ①, ②에서 똑 같이 쓰였다.
영어는 순서에 따라 주어, 목적어, 보어가 되므로, 먼저 나오는 the dog는 주어 (~가)이며, 나중에 나오는 the dog는 목적어 (~을)가 되었다.
그러나 **한글**은 "~가", "~를"이 붙어 있어서, 순서에 상관없이 의미를 알 수 있다.

① **The dog**	bit	the man.	그 개<u>가</u>	그 남자<u>를</u>	물었다.
② The man	bit	**the dog**.	그 남자<u>가</u>	그 개<u>를</u>	물었다.

Exercise

문을 비교하면서 해석해 보세요.

① **The man** killed **the snake**.
② **The snake** killed **the man**.

③ **The man** gave **the girl** some money.
④ **The girl** gave **the man** some money.

답:

| ① | The **man** | killed | the **snake**. | |
| | 그 남자는 | 죽였다 | 그 뱀을 | |

| ② | The **snake** | killed | the **man**. | |
| | 그 뱀은 | 죽였다 | 그 남자를 | |

| ③ | The **man** | gave | **the girl** | some money. |
| | 그 남자는 | 주었다 | 그녀에게 | 약간의 돈을 |

| ④ | The **girl** | gave | **the man** | some money. |
| | 그녀는 | 주었다 | 그 남자에게 | 약간의 돈을 |

Tips

문법: 주어, 동사, 목적어, 목적어, 보어란?
3분이면 배울 수 있는 비법이 있다. ☞ p.10

질문: 영어의 "1가지 순서"에서 목적어가 두개인데 무엇이 다를까?

앞의 목적어는 "에게", 뒤의 목적어는 "을/를"이다.
영어에서는 "에게", "을/를"을 다 목적어라고 한다.

| They | gave | **me** | water. |
| 그들은/ | 주었다 | 나에게 (목적어) | 물을 (목적어) |

2. 영어의 해석이 어려운 이유 및 쉽게 해석하는 법

3분 비법

> 영어의 문은 3가지의 다른 순서가 섞여 있어 혼동된다.
> 이 3가지 순서는 각각 일정한 순서로 적혀 있다.

영어의 해석이 어려운 이유:
영어는 정해진 순서에 의해 의미가 전달되는데, 3가지의 다른 순서가 섞여 있어서 해석이 어렵다.
3가지 순서는 **"문의 기본 순서", "수식어의 순서", "구/절의 순서"**이다.
더구나, 이 3가지의 순서에 예외의 순서까지 더해져 해석이 더 어려워진다.
이것이 한국인이 영어 해석에 어려움을 느끼는 가장 중요한 이유이다.
이것을 배우는 간단한 비법이 있다.

영어의 3가지 순서:

(ㄱ) **"기본 순서"**: 아래 5가지의 구성이 <u>1 가지 순서</u>로 적혀 있다. ☞ p.16
"주어 + 동사 + 목적어 + 목적어 + 보어"
문의 5형식은 "문의 기본 순서" 1가지를 5가지로 나누어 설명한 것이다.

주어	+동사	+목적어	+목적어	+보어
Mark	calls		Jane	삼겹살
Mark는	부른다		Jane을	삼겹살이라고

(ㄴ) **수식어의 순서**: 수식되는 단어의 <u>앞/ 뒤</u>에 온다. (예외 ~ 문의 끝) ☞ p.18
괄호가 아닌 pretty는 girl의 앞에 있다.
괄호인 (whom I know)는 girl의 뒤에 있다.

pretty girls (whom I know)   예쁜 여자 아이들 (내가 아는)

(ㄷ) **"구/절"이 적힌 순서**: <u>1 가지 순서</u>로 "기본 순서"와 같다. ☞ p.20
"주어 + 동사 + 목적어 + 목적어 + 보어"
예: (that he likes Koreans) = (that + 주어 + 동사 + 목적어)
 (그가 한국인들을 좋아한다는 것)

영어를 쉽게 해석하는 법:
(ㄱ) 3가지 <u>순서</u>를 구분하는 법을 배우면 단지 몇 분만 배워도 해석이 쉬워진다.
(ㄴ) 한글의 조사와 정해진 표현을 배우면 영어를 쉽고, 정확하게 해석할 수 있다.

Exercise

다음 문을 문의 기본 순서에 따라 해석해 보세요. 주어는 "/"으로 구분해 놓았다.

① We/ gave him rice.
② People/ thought it too small.
③ He/ made it small.
④ Did I/ make myself clear?
⑤ We/ keep it safe.
⑥ They/ elected Mr. Lee president.
⑦ We/ are cops.
⑧ It/ looks small.

답:
주어, 동사, 목적어, 목적어, 보어의 순서대로 정해진 한글을 붙이면 해석이 된다.

주어	동사	목적어	목적어	보어
은/는/이/가	~다	에게	을/를	다고/라고
			다고/라고	(으)로, 게
① We	gave	him	rice.	
우리는/	주었다	그에게	쌀을	
② 사람들은/	생각했다		그것을	너무 작다고
③ 그는/	만들었다		그것을	작게
④ 내가/	만들었나요		나 자신을	알기 쉽게
⑤ 우리는/	유지한다		그것을	안전하게
⑥ 그들은/	선출했다		Mr. Lee를	대통령으로
⑦ 우리는/	이다 be			경찰들
⑧ 그것은/	보인다			작게

Tips

문법: 문의 5형식을 제발 배우지 마라!

한국인들이 문의 5 형식이라고 배우는 것은 "문의 기본 순서" 1가지를 복잡하게
5가지로 나누어 설명한 것이다.
기본 순서를 이 책에서 설명하는대로 1가지 순서로 배우면, 단지 3분이면 배울 수 있다.

3. 명사, 형용사, 동사, 부사의 구분 ~ 3분이면 배운다.

3분 비법

(ㄱ) 명사 찾기:	뒤에 "을/를"이 붙을 수 있다.	
(ㄴ) 형용사 찾기:	"ㄴ/의"가 붙을 수 있다.	
(ㄷ) 동사 찾기:	be동사와 "일반동사"	
(ㄹ) 부사 찾기:	보통 "ㅔ, ㅣ"로 끝난다.	

명사, 형용사, 동사, 부사의 구분법: 문의 기본 순서를 찾기 위해 구분한다.

(ㄱ) **명사:** 뒤에 "을/를"이 붙을 수 있는 단어이다.
명사의 예:　　　　　동물 animal,　　물 water　　　~ "동물**을**", "물**을**"
명사가 아닌 예:　　　친절한 kind,　　먹다 eat　　~ "친절한**을**", "먹다**을**"

(ㄴ) **형용사:** "ㄴ"으로 끝나는 단어, 그러나 "ㄴ다"로 끝나면 동사이다.
형용사의 예:　　　　　친절**한** kind,　　멍청**한** dumb
형용사가 아닌 예:　　마**신다** drink,　　의사 doctor

(ㄷ) **동사:** be동사와 "일반동사"2 가지만 있다. ☞ p.41
- be동사: be동사는 정해진 몇 개의 단어만 있다. ☞ p.41
- "일반동사": "ㄴ다"를 붙여 의미가 통한다.

동사인 것:　　　　　주다 give ~ **준다**　　　빌리다 borrow ~ 빌**린다**
동사가 아닌 것:　　　귀엽다 cute　　　　　물 water

(ㄹ) **부사:** 대부분의 부사는 "ㅔ, ㅣ"로 끝나지만 예외도 있다. ☞ p.139
- "ㅔ/ㅣ, 로"로 끝나는 부사: 빠르게 fast,　빨리 fast,　종교적으로 religiously
- 의미를 강조를 하는 부사: 아주 very,　　매우 simply,　완전히 absolutely …
- 빈도 표시 부사:　　　　항상 always,　자주 often,　전혀 never …

Tips

질문: 영어의 명사, 형용사, 동사, 부사를 왜 한글로 구분하나?
영어는 1개의 단어가 명사, 동사, 형용사, 부사 등으로 중복되게 쓰이는 경우가 많아서, 단어만 보고는 품사를 알 수 없고, 문에서 쓰인 위치로 알 수 있는 경우가 많다.
그러나 **한글**은 품사에 항상 정해진 표현이 붙어 구분되므로, 한글을 이용하면 해결된다.
예: water는 "물" (명사)과 "물을 주다" (동사)라는 2개의 의미가 있다.
① I need some **water**.　　　　　　　나는 약간의 **물**이 필요해.
② I **water** my plants every morning.　나는 나의 식물들에게 매일 아침 **물을 준다**.

Exercise

문의 기본 순서로 나열해 보세요.

Hint: 문의 기본 순서 중 "명사. 동사"만 고르면, 문의 기본 순서가 자동적으로 만들어 진다.
다만, 보어는 형용사도 될 수 있다.

① I eat an apple every day.
② The big dog attacked me.
③ This hotel treats us kings and queens.
④ He asked her a question.
⑤ We keep it clean.
⑥ My son became a famous singer.
⑦ I spent all the money (I have).
⑧ One of my mistakes is (dating you).
⑨ We consider it very seriously.
⑩ He put his book on it.

답:

"주어	+동사	+목적어	+목적어	+보어"	기타 수식어
은/는/이/가	~다	에게	을/를 다고/라고	다고/라고 (으)로, 게	
① I/	eat		an apple		every day.
② The big dog/	attacked		me.		
③ This hotel/	treats		us	kings and queens.	
④ He/	asked	her	a question.		
⑤ We/	keep		it	clean.	
⑥ My son/	became			a famous singer.	
⑦ I/	spent		all the money (I have).		
⑧ One of my mistakes/	is			(dating you).	
⑨ We/	consider		it	very seriously.	
⑩ He/	put		his book		(on it).

Tips

문법: 동사의 구분 ☞ p.41
동사는 be동사와 "일반동사"가 있다.
(ㄱ) be동사는 be, am, are, is, was, were, been 뿐이다.
(ㄴ) "일반동사"는 "ㄴ다"를 붙여 의미가 통하는 것 모두이다. 예: eat 먹**는다**, drink 마**신다**

4. 구와 절

3분 비법

구와 절의 차이는 주어가 있는가의 차이다. ~ 구와 절 찾기 ☞ p.52

구와 절의 구분:
구/절은 2 단어 이상이 모여 1 개의 "명사/ 형용사/ 부사"가 되는 것이다.

(ㄱ) 구: 괄호 안에 **주어가 없다**.

    (**to** meet you)   (너를 만나는 **것**)   명사구 (~것)
                      (너를 만**날**)   형용사구 (~ㄴ/ㄹ/의)
                      (너를 만나**러/ 서**) 부사구 (여/러/서, 에/에서)

(ㄴ) 절: 괄호 안에 **주어가 있다**.

① (**that** I meet you)   (내**가** 너를 만나는 **것**) 명사절 (~것),
                          (내**가** 너를 만나**서**)   부사절 (여/러/서, 에/에서)

② the place (**that** I work in) (내가 일하는)곳 형용사절 (~ㄴ/ㄹ/의)

구/절을 쉽게 해석하는 비법:

(ㄱ) 해석이 혼동되는 구/절만을 골라 괄호로 만든다.
    정해진 표현만을 고르면 된다.

    정해진 표현: "to, ~ing, ~ed, that, wh~, 접속사, 전치사"
    wh~: ☞ p.9, 182 접속사: ☞ p.61 전치사: ☞ p.59

    정해진 표현이 만드는 구/ 절은 1가지 표현이 여러 의미를 가지고 있고,
    구/절의 순서가 "기본 순서"와 혼동되어 **괄호로 만들어 구분한다.** ☞ p.52
    이 구/절은 문에서 "명사구/절, 형용사구/절, 부사구/절" 중 1가지로 쓰인다.

(ㄴ) **구/절의 해석:**
    정해진 구/절은 문에서 쓰인 위치에 따라 "명사, 형용사, 부사" 중 1가지로
    의미가 결정되는 것이 보통이다.
    그래서 문에서 쓰이는 정해진 위치를 배우면 해석이 간단하다. ☞ p.56, 58

Exercise

괄호로 만들어진 구/절에서, 구/절을 나타내는 정해진 표현을 찾아보세요.

Hint: "to, ~ing, ~ed, that, wh~, 접속사, 전치사"만 정해진 표현으로 괄호의 처음 위치에 있다.

① I told him (that I wanted it).
② He thinks (that I wanted it).
③ I like (to speak with my son).
④ (What he wants now)/ is 1,000 dollars.
⑤ (What you are saying) is (that you are not a liar).
⑥ We talked (about him).
⑦ He talked (about (being a good father)).
⑧ He talked (about (what he wanted to achieve)).
⑨ (Playing the piano) is one (of my hobbies).
⑩ (When I read it), I was horrified.
⑪ The report (written) (in English) is very difficult (for us) (to read).

답:

① I told him (**that** I wanted it).
② He thinks (**that** I wanted it).
③ I like (**to** speak with my son).
④ (**Wh**at he wants now)/ is 1,000 dollars.
⑤ (**Wh**at you are saying) is (**that** you are not a liar).
⑥ We talked (**about** him).
⑦ He talked (**about** (be**ing** a good father)).
⑧ He talked (**about** (**wh**at he wanted to achieve)).
⑨ (Play**ing** the piano) is one (**of** my hobbies).
⑩ (**Wh**en I read it), I was horrified.
⑪ The report (writt**en**) (**in** English) is very difficult (**for** us) (**to** read).
　　write-wrote-written 쓰다

Tips

중점: wh~란 무엇인가?
wh로 시작하는 단어: who, whose, whom, what, which, when, where, why, how

요점: "문의 기본 순서", 수식어, 괄호 (구/절)의 순서
- **문의 기본 순서:** 1가지 순서이다.
- **수식어:** 수식되는 것의 앞/ 뒤에 있다. 예외: 문의 끝
- **괄호 (구/절):** 1가지 순서이다. 예외: "전치사 + 명사"

5. 한글의 규칙 1 ~ 기본 순서와 수식어에 붙는 표현

~ 간단한 한글의 규칙을 알면 영어의 해석이 쉽다.

3분 비법

> 한글은 <u>조사</u>와 <u>정해진 표현</u>이 붙어 의미가 전달된다.

문의 기본 순서에 붙는 한글: 정해진 표현이 붙는다.
- (ㄱ) 주어: "은/는/이/가" 중 1개가 붙는다. 예) 그 사람**은**, Sam**은**, 직업**이**, 콜라**가**
- (ㄴ) 동사: "ㄴ다", "ㅆ다", "ㄹ거다" 예) 먹**는다**, 먹었**다**, 먹을 거**다**
- (ㄷ) 목적어: "에게" 예) Mark**에게**
- (ㄹ) 목적어: "을/를", "다고/라고" 예) 과일**을**, 그**를**, (내가 그것을 먹었**다고**)
- (ㅁ) 보어: "(으)로, 게", "다고/라고" 예) 바보**로**, 작**게**, 바보**다고**

주어	동사	목적어	목적어	보어
That man	gave	this man	a shirt.	
이 남자는/	주었**다**	이 남자**에게**	한 벌의 셔츠**를**	

I	call		him	a fool.
나는	부른다		그를	바보**다고**

He	considered		it	accurate.
그는	생각했**다**		그것**을**	정확하**다고**

수식어에 붙는 한글: 일정한 표현이 붙는다. ☞ p.30
- (ㄱ) 형용사: "ㄴ/의"가 붙어 있다. 예) cute 귀여**운**, Korean 한국**의**

  cute kids   귀여**운** 아이들

- (ㄴ) 부사: 보통 "ㅔ/ㅣ"가 붙어 있다. 예) fast 빠르**게**, 빨**리**, slow 천천**히**

  He/ runs fast.   그는/ 빨**리** 달린다.

- (ㄷ) 조동사: 정해진 표현이 있다. 예) will (ㄹ거, 겠), can (수 있다)...

  I/ will drink it.   나는/ 마**실 거다** +그것을

- (ㄹ) 한정사: 정해진 표현만으로 쓴다. 예) a (하나의), the (그)...

  a book   한 권의 책

Exercise

밑줄 친 단어를 문의 기본 순서로 나열해 보세요.

Hint: 밑줄로 적힌 부분만 문의 1가지 순서대로 배열하면 된다.
　　　　밑줄의 순서대로 문의 1가지 순서에 정해진 한글 표현을 붙인다. 왜 밑줄을 했나? ☞ p.24
　　　　밑줄이 아닌 것은 전부 수식어로 생각하면 된다.

① He/ drives me crazy.
② Most people (in New Zealand)/ eat apples every day.
③ We/ elected the big man chairman.
④ The farmers/ sold the apples very cheap.
⑤ We/ made them soft.
⑥ I/ am happy now.
⑦ Our students/ studied English (for two hours) every day.
⑧ I/ taught him Korean.

답:

주어	동사	목적어	목적어	보어
명사	동사	명사	명사	명사/ 형용사
은/는/이/가	~다	에게	을/를	(으)로, 게
			다고/라고	다고/라고

①

그는	만든다		나를	미치게

②

사람들은	먹는다		사과들을	

③

우리는	선출했다		사람을	회장으로

④

농부들은	팔았다		사과들을	싸게

⑤

우리는	만들었다		그것들을	부드럽게

⑥

나는	이다			행복한

⑦

학생들은	공부했다		영어를	

⑧

나는	가르쳤다	그에게	영어를	

6. 한글의 규칙 2 ~ 구/절에 붙는 표현

~ 해석은 항상 일정한 한글 표현이 붙는다.

3분 비법

정해진 한글 표현:	명사구/절:	"~것/~가/~지", "~다고/~라고"
	형용사구/절:	"ㄴ/ㄹ, 의"
	부사구/절:	"ㅔ/ㅣ", "에/에서, 로, 여/서, 러"

괄호에 붙는 한글의 표현: ☞ p.24, 30

(ㄱ) 명사구/절: "것/가/지", "다고/라고"가 붙는다.

① (**to** drink Coke)   (콜라를 마시는 **것**)
② (**that** students drink Coke)   (학생들이 콜라를 마시는 **것**)
③ (**wh**y students drink Coke)   (왜 학생들이 콜라를 마시는**가**)

(ㄴ) 형용사구/절: "ㄴ/ㄹ/의"
  모든 형용사구/절은 거의 **수식어**로만 쓰인다.

① the <u>students</u> (**to** drink Coke)   그 학생들 (콜라를 마**실**)
② the <u>students</u> (**wh**om you met)   그 학생들 (네가 만**난**)
③ the <u>students</u> (drink**ing** Coke)   그 학생들 (콜라를 마시**는**)

(ㄷ) 부사구/절: "ㅔ/ㅣ", "여/러/서", "에/에서"
  모든 부사구/절은 거의 **수식어**로만 쓰인다. 보어로 쓰이는 경우가 있다.

  I <u>left</u> my home (**in** haste).   나는/ 떠났다 + 나의 집을 (급하게)

① (**in** haste)   (급하게/ 급**히**)
② (**in** Seoul)   (서울**에**/ 서울**에서**)
③ (**in** amazement)   (놀라**서**)
④ (**to** drink Coke)   (콜라를 마시기 위하**여**/ 마시**러**)
⑤ (**that** I drank Coke)   (내가 콜라를 마셔**서**)
⑥ (drink**ing** Coke)   (콜라를 마실 때에/ 마시기 때문에...),

Exercise

괄호를 정해진 한글의 표현을 붙여 해석해 보세요.

Hint: He talked (**about** (be**ing** a good father)).   그는 말했다 (에 대하여 (좋은 아빠가 되는 것))
"형용사" + (of   )에서 (of ...)는 (...을)로 해석되는 경우가 있다 ⑥

① We have to ask him the questions (**in** detail) now.
② People believe (**that** water boils) (**at** 100C).
③ I am fortunate (hav**ing** the car).
④ I am sorry (**that** your father passed away).
⑤ He came here (**to** learn English).
⑥ I am afraid (**of** seeing horror movies).
⑦ It turned (**into** a frog).
⑧ Americans think (**that** the president was very clever).
⑨ (**Wh**en she turned the knob), she realized the door was not locked.
⑩ He was certain (**that** his son was dead).

답:
① (자세하게)
② (물이 (100도C에서) 끓는다고)
③ (그 차를 가져서)
④ (너의 아빠가 돌아가셔서)
⑤ (영어를 배우기 위하여)
⑥ (공포 영화들을 보는 것을)
⑦ (개구리로)
⑧ (그 대통령이 아주 영리했다고)
⑨ (그녀가 그 손잡이를 돌렸을 때)
⑩ (그의 아들이 죽었다고)

Tips

문법: 형용사구/절, 부사구/절은 항상 수식어이다.

형용사구/절, 부사구/절은 거의 수식어가 된다.
아래 예에서 (which had a long tail)은 형용사구/절이고, (at the market)는 부사구/절이다.

I/   bought   the dog (which had a long tail) (at the market).

영어가 모국어인 사람이 보통 일상 생활에 쓰는 단어는 5,000자 정도이다. 영어를 못하는 것은 단어를 모르기 때문이 아니다.
<u>3분 영어</u>에 답이 있다.

B. 영어의 순서 ~ 3분 만에 배우기
~ 순서를 배우면, 고급 문도 바로 해석한다.

1. 문의 기본 순서 ~ 1 가지 순서

3분 비법

> 문의 기본 순서: 1 가지 순서이다 ~ "주어 + 동사 + 목적어 + 목적어 + 보어"

(ㄱ) **기본 순서의 구성**: "주어, 동사, 목적어, 목적어, 보어"의 5개로 구성되어 있다.
문은 **각 구성마다 "필수성분"**과 수식어가 있다.
"필수성분"은 문의 각 구성마다 반드시 1개씩은 있다.

- "필수성분"은 **명사 또는 동사**이다. 명사 대신 **"명사구/절"**인 괄호가 올 수 있다.
주어, 목적어, 보어는 명사가 1개씩 있다. 다만, 보어는 형용사도 될 수 있다.
"동사"의 구성에는 1개의 동사가 있다.

주어	+동사	+목적어	+목적어	+보어
명사	동사	명사	명사	명사/ 형용사
명사구/절	동사	명사구/절	명사구/절	명사구/절, 형용사

아래 ①, ②의 예문에서, man, girl, books, people, girls는 **명사**이고,
(what they had)는 **명사구/절**이며, bought, sent는 **동사**이다.

- **수식어**: "필수성분"을 뺀 나머지는 전부 **수식어**로 "문의 구성"에서 반드시 있는 것이 아니다. 수식어는 예 ①, ②에서 화살표로 표시한 것들이며,
(I know), (in America)는 구/절로 수식어이다.

(ㄴ) **문의 기본 순서**: 1가지 순서로 적혀 있다.

"기본 순서":	"주어	+동사	+목적어	+목적어	+보어"
	↓	↓	↓	↓	↓
"필수성분":	명사	동사	명사	명사	명사/ 형용사
"한글 표현":	은/는	~다	에게	을/를	다고/라고
	이/가			다고/라고	(으)로, 게
	↓	↓	↓	↓	↓

① The man (I know) | bought | the girl | two books.
그 사람 (내가 아는)이/ 사주었다 그 소녀에게 두 권의 책들을

② People (in America) | sent | the girls | (what they had).
사람들 (미국에 사는)은/ 보냈다 그 여자애들에게 (그들이 가진 것)을

(ㄷ) **문의 기본 순서의 해석 법**:
"주어 + 동사 + 목적어 + 목적어 + 보어"에는 각기 정해진 한글을 붙인다.

Exercise

문의 기본 순서에 따라 한글의 정해진 표현을 붙여 보세요.

Hint: 문의 "필수성분"인 명사, 동사, 형용사만 블록 체로 표시했다.

① The **cop**/ **demanded** the **name** (of the gentleman).
② The **kid**/ **keeps growing**.
③ **We**/ **keep** it clean.
④ **Jim**/ **told** me (that she was coming).
⑤ **We**/ **called** him trash.
⑥ **He**/ **is angry**.
⑦ (What I want)/ **is** the **animal** (that looks cute).
⑧ The pretty **girl** (on stage)/ **tapped** her **finger** (on the mike).
⑨ **I**/ will **keep** my **eyes open**.

답:

"주어	+동사	+목적어	+목적어 +보어"	...기타

① The cop/ demanded   the name (of the gentleman).
   그 경찰은/ 요청했다   그 이름을 (그 신사의)

② 그 아이는/ 계속한다   자라는 것을
③ 우리는/   유지한다   그것을   깨끗하게.
④ Jim은   말했다   나에게 (그녀가 오고 있)다고
⑤ 우리는/   불렀다   그를   쓰레기라고
⑥ 그는/   ~이다 (be동사)   화나
⑦ (내가 원하는 것)은/이다 be   그 동물 (귀엽게 보이는)
⑧ (무대에 있는) 그 예쁜 아이는/두드렸다   그녀의 손가락을   (마이크에)
⑨ 나는/   계속 있을 거야   나의 눈들을 뜬 채로

Tips

문법: 수식어와 한정사

문의 기본 순서에서 "필수성분"을 제외한 모든 것이 수식어다.
일반적으로 문법에서는 한정사 (a, an, the, my, this ...)와 수식어를 구분하지만,
실제로 해석할 때는 특별히 구분할 필요가 없어서 이 책에서는 둘 다 수식어로 한다.

예: **a small red** <u>apple</u>.   한 개의 작은 빨간 <u>사과</u>
"a small red"는 전부 apple을 수식하는 수식어이다.

2. 수식어의 순서 ~ 바로 앞/ 바로 뒤, 문의 끝

3분 비법

> 수식어의 순서: 보통 ~ 수식되는 것의 **바로 앞/ 바로 뒤**에 있다.
> 예외 ~ **문의 끝**에 있다.

(ㄱ) **수식어의 순서**: 바로 앞/ 바로 뒤에 있다.

- 단어 ~ 괄호가 아닌 수식어는 **바로 뒤**를 수식한다.

    주어   +동사   +목적어   +목적어   +보어

    | The big girls | will work. | | | |

    | She | is | | | very pretty. |

- 구/절 ~ 정해진 구/절은 괄호가 되고, 괄호는 **바로 앞**을 수식한다.

    | Kids (loving dogs) | like | | (to feed them). |
    아이들 (개들을 사랑하는)/ 좋아한다   (그들을 먹이는 것)을

(ㄴ) **수식어의 순서**: 예외
문의 끝에 있는 "부사/ 부사구/절"은 항상 앞의 형용사/동사를 수식한다.

주어   +동사   +목적어   +목적어   +보어   ... 수식어

| I | am | | | pleased | (to meet you). |
| 나는 | 다 | | | 반가운 | (만나서) |

| We | met | | her | | (in my home). |
| 우리는 | 만났다 | | 그녀를 | | (나의 집에서) |

| We | can see | | you | | later. |
| 우리는 | 볼 수 있다 | | 너를 | | 나중에 |

| We | will see | | you | | (in one minute). |
| 우리는 | 볼 거다 | | 너를 | | (1분 후에) |

(ㄷ) **수식어의 해석:** 정해진 한글 표현이 붙는다. ☞ p.30

Exercise

밑줄 친 부분을 수식되는 단어와 맞추어 해석해 보세요.

Hint: 괄호가 아닌 수식어는 뒤의 단어를 수식한다.
괄호인 수식어는 바로 앞의 단어 또는 앞의 동사/ 형용사를 수식한다.
한글의 수식어인 "ㄴ/ㄹ/의"의 뒤에는 명사가 오고, 수식어인 "게/기, 에/에서, 여/서/러"의 뒤에는 동사나 형용사가 온다.

① We like it <u>very much</u>.
② I have lived <u>(in London)</u> <u>(since 1992)</u>.
③ We asked them <u>many</u> questions.
④ I am very glad <u>(to meet you)</u>.
⑤ We believe that he is <u>a brave</u> man.
⑥ The whale is a mammal <u>(living)</u> <u>(in the ocean)</u>.
⑦ Ronald Reagan is probably <u>the most famous</u> actor <u>(turned)</u> <u>(to a politician)</u>.
⑧ I met a man <u>(playing the piano)</u> (at the restaurant) every night.
⑨ The population <u>(of this city)</u>/ has doubled in the last ten years.

답:
① 아주 많이   ~ 좋아 한다
② (1992년부터) (런던에서)   ~ 살고 있다
③ 많은   ~ 질문들
④ (너를 만나서)   ~ 반가운
⑤ 한명의 용감한   ~ 남자
⑥ (바다에서) (사는)   ~ 포유동물
⑦ (정치가로) (바뀐) 가장 유명한 ~ 배우
⑧ (피아노를 치는)   ~ 한 남자
⑨ (이 도시의)   ~ 그 인구

Tips

질문: 명사, 형용사, 동사가 아닌 전치사나 접속사를 수식어라고 할 수 있나요?

문의 1가지 순서를 만드는 필수성분은 명사/명사구/절, 동사, 형용사이고, 나머지는 모두 수식어이다. 그러면, "전치사, 접속사"는 수식어일까?

"전치사, 접속사"는 항상 구/절의 일부가 되어 괄호에 들어가서 수식어의 일부가 된다.
① I met her (at the restaurant).
　　전치사 at는 괄호에 들어가서 괄호 전체가 수식어가 되었다.
② (If you do not like me), please tell me.
　　접속사 if는 괄호에 들어가서 괄호 전체가 수식어가 되었다.

3. 구/절의 순서 ~ 1가지 순서

> **3분 비법**

```
정해진 구/절의 순서
▪ 1 가지 순서            ~ (주어 + 동사 + 목적어 + 목적어 + 보어)
▪ 예외: 전치사가 있는 경우   ~ (전치사 + 명사)
```

구/절의 순서:

- **정해진 구/절은 1 가지 순서**이다.
  주어부터 시작하지만, 주어가 없으면 동사부터 시작된다.

  ① I think (**that** he will buy me a book).
  　(that　　he　will buy me　　a book) = (그가 나에게 1권의 책을 사주는 것)
  　= (that + **주어 동사　　목적어　목적어**)

  ② I want (**to** buy my brother a car).
  　(to　　　buy　　my brother a car) = (내 동생에게 1대의 차를 사주는 것)
  　= (to +　**동사　　목적어　　목적어**)

- **예외의 순서:** 전치사 뒤는 명사나 "명사구/절"만 온다.
  ① (**at** school)　　　　　　(at 전치사 + 명사)　　　(학교에서)
  ② (**on** (eating apples)) (on 전치사 + 명사구/절) (사과를 먹는 것에 대하여)

구/절의 해석: ☞ p.56, 58, 60
정해진 구/절은 1개의 표현이 여러 가지 의미가 있을 수 있지만,
문에서 쓰이면 위치에 따라 1개의 의미로 결정된다.

예를 들어, (to drink Coke)는 문에서의 위치에 따라 여러 의미 중 1가지로 확정된다.
① 명사구/절: I like (to drink Coke).　　　　　　　　(콜라를 마시는 **것**)
② 형용사구/절: He is the man (to drink Coke).　　　(콜라를 마**실**)
③ 부사구/절: I borrowed some money (to drink Coke). (콜라를 마시기 위하**여**)

정해진 구/절을 구별하는 비법: ☞ p.52
"to, ~ing, ~ed, that, wh~, 접속사, 전치사"만 골라 괄호로 한다.

Exercise

밑줄 친 괄호를 해석해 보세요.

Hint: 정해진 구/절인 괄호는 1가지 순서로 적혀 있다. 괄호는 주어가 없으면 동사부터 시작한다. 예외로 전치사 뒤는 명사나 명사구/절만 온다.

① **(To** talk (to him)**)**/ is fun.
② I am very glad **(to meet you)**.
③ I/ hope **(to meet her)**.
④ **(Drinking milk)**/ is good (for your health).
⑤ **(That** I drink milk every day**)**/ is one (of my habits).
⑥ The apple **(that** I ate**)**/ was delicious.
⑦ **(Wh**at Sam gave me**)**/ was a music CD.
⑧ Neil Armstrong became the first person **(to set foot) (on** the moon**)**.
⑨ He will be staying **(at** his aunt's**) (in** Los Angeles**)** next year.

답:
① (그에게 말하는 것)은
② (너를 만나서)
③ (그녀를 만나는 것)을
④ (우유를 마시는 것)은
⑤ (내가 매일 우유를 마시는 것)은
⑥ (내가 먹은)
⑦ (Sam이 나에게 준 것)은
⑧ (달에) (발을 디딘)
⑨ (LA에 있는) (그의 아주머니의 집에)

Tips

요점: 정해진 구/절만 괄호로 하는 이유 ~ 순서의 혼동을 해결한다.
정해진 구/절의 순서는 문의 기본 순서와 같은 1가지 순서로 적혀 있어 서로 혼동되며, 또한 1개의 표현이 여러 의미를 가지고 있어 혼동된다.
이 문제를 해결 하는 방법은 정해진 "구/절"만을 괄호로 하여 구분하는 것이다.
이 방법을 사용하면 문의 순서를 혼동하지 않고 누구나 쉽게 고급 문을 해석할 수 있다.

질의: 이 책에서는 구와 절을 구분하지 않고 왜 항상 구/절로 표시하나?
이 책에서 설명된 방법으로 해석을 하면 구와 절의 구분이 필요하지 않다.
그래서 이 책에서는 구와 절을 구분하지 않고 항상 "구/절"로 함께 표현하였다.

영어의 단어는 거의 500,000 자가 되는 것으로 알려져 있다.
독어 185,000 자, 불어 100,000 자 정도

C. 문법을 몰라도 고급 문을 바로 해석하는 법

- 수식어와 수식되는 것

- "주어, 동사, 목적어, 목적어, 보어" 찾기

- 수식어 찾기

- 구/절 찾기

1. 수식되는 것과 수식어 ~ 한꺼번에 몽땅 배운다.
1.1. 수식되는 것

> 3분 비법

- 문의 1가지 순서에서 각 구성은 "필수성분"과 수식어로 나눈다.
- 각 구성에서, "첫 명사/ 첫 괄호"는 "필수성분", 나머지는 전부 수식어다.

"필수성분" 찾기: 문의 "기본 순서"는 **5개의 구성**이 1가지 순서로 적혀있다.

"필수성분"과 수식어: 5개의 각 구성은 **"필수성분"**과 **수식어**의 2가지로 구분된다.
"필수성분"은 각 구성에서 "첫 명사" 또는 "첫 괄호"인 "첫 구/절"이다.
"첫 명사"는 각 구성에서 **처음에 만나는** 명사이다.
"첫 괄호"는 각 구성에서 **처음에 나온** 구/절이다.
수식어는 각 구성에서 "첫 명사/ 첫 괄호"를 뺀 나머지 전부이다. ☞ p.26

첫 명사/ 첫 괄호 찾기:
(ㄱ) 각 구성에 **괄호가 없을 때**: 각 구성의 **끝 단어**가 첫 명사다. animals, water

주어	동사	목적어	목적어	보어
수식어 +첫 명사	수식어 +동사		수식어 +첫 명사	
These small+ animals	really + need		clean + water.	
이 작은 + 동물들은	정말 + 필요로 한다		깨끗한 + 물을	

(ㄴ) 각 구성에 **괄호가 있을 때**: 괄호로 시작하는 것만 그것이 첫 괄호가 된다.
(that we eat ~). 괄호로 시작하지 않으면, 괄호가 있어도 괄호는 수식어이다.
customs, animals는 괄호가 있어도 괄호로 시작되지 않아서 "첫 명사"이다.

주어	동사	목적어	목적어	보어
첫 괄호	동사	첫 명사	첫 명사	첫 명사
(That we eat dog meat)	is			a custom (that they do not like).
(우리가 개고기를 먹는 것)은/ 이다				하나의+습관 +그들이 좋아하지 않는

주어		동사	목적어	목적어	보어
수식어 + 첫 명사 + 괄호		수식어 +동사		수식어 +첫 명사	
These animals (drinking water every day)		will + need		some + water.	
이 작은 동물들 (매일 물을 마시는)은/					

첫 명사/ 첫 괄호의 해석: 바로 뒤에 "은/는/이/가", "에게" ...를 붙인다. ☞ p.10

Exercise

밑줄 친 부분을 수식하는 것과 연결하여 해석해 보세요.

Hint: 수식하는 단어는 수식되는 것의 <u>바로 앞</u>에 온다. 수식하는 구/절은 수식되는 것의 <u>바로 뒤</u>에 온다. 예외로 문의 끝에 오는 수식어는 항상 앞에 나온 동사나 형용사를 수식한다.

① <u>The gentle</u> man/ will be the right person (who can help me).
② The gentle man <u>(whom I know)</u> will help you.
③ I usually eat breakfast <u>(at seven)</u>.
④ I am sure <u>(that he is my cousin)</u>.
⑤ I can't play the piano <u>(after 10) (in the evening)</u>.
⑥ He is likely <u>(to buy a ticket)</u>.
⑦ I was amazed <u>(to see her)</u>.
⑧ We finished our homework <u>quick</u>.

답:
① 그 점잖은 ~ 남자　　　　　② (내가 아는) ~ 남자
③ (7시에) ~ 먹는다　　　　　④ (그가 나의 사촌인 것이) ~ 확실한
⑤ (저녁에) (10시 후에) ~ 칠 수 없다　⑥ (한 장의 표를 살 것) ~ 같은
⑦ (그녀를 보아서) ~ 놀란　　　⑧ 빨리 ~ 끝냈다

Tips

요점: 구/절이 수식어인지/ 아닌지를 구분하는 법

- 문의 각 구성에서 괄호가 맨 처음에 오면, 그 괄호가 주어, 목적어, 보어 전체가 된다.
  ①, ②, ③처럼 첫 괄호가 주어의 순서에서 맨 처음에 나오면 그 괄호는 명사구/절이다.
- 5개의 문의 구성에서 맨 처음에 나오지 않는 괄호는 모두 수식어가 된다.

① ((Marrying the man) (you love))/ will be + one (of the good things) (you must do).
② ((What I want) (to do))/ is +((to read this book) (on the weekend)).
③ (That you like studying English)/ is +good thing (for your future).

요점: "첫 명사"와 "첫 괄호"를 찾는 예

"첫 괄호"　　　　　　　　　　　　　　　　　"첫 <u>명사</u>" "첫 괄호가 아님"
↓　　　　　　　　　　　　　　　　　　　　　↓　　↓

(What I want (to buy))	is		the <u>dog</u> (lying on the floor).

"첫 명사" "첫 괄호가 아님"　　　　　　　"첫 명사"
↓　　↓　　　　　　　　　　　　　　　　↓

The <u>girl</u> (who wanted a job)	could speak	two <u>languages</u>.

1.2. 수식어

(1) 수식어 찾기 1: 바로 앞/ 바로 뒤, 문의 끝

3분 비법

> 수식어 찾기:
> (ㄱ) 단어는 바로 뒤를 수식: these small + animals
> (ㄴ) 괄호인 정해진 구/절은 바로 앞의 명사를 수식: water (to drink)
> (ㄷ) 문의 끝에 있는 단어나 구/절은 앞에 나온 동사/ 형용사를 수식

수식어인 단어와 **구/절**은 **구/절**만 **괄호**로 하여 구분한다.
수식어를 찾는 법: 수식어는 "수식되는 단어"의 **바로 앞/ 바로 뒤, 문의 끝**에 있다.

(ㄱ) **괄호가 아닌 단어는 바로 뒤에 오는 단어를** 수식한다.
   찾는 법: 괄호가 아니면, 앞 단어는 결국 맨 뒤의 단어를 수식한다.

- **한정사, 형용사** + 명사   the warm climate   그 따뜻한 날씨
- **부사** + 형용사   absolutely pretty girls   아주 예쁜
- **조동사** + 동사   He will be a good politician. 될 거다(ㄹ거다)
- **부사** + 부사   I worked very hard.   아주 열심히

(ㄴ) **구/절 (괄호)의 앞이 명사이면, 바로 앞**을 수식한다. ☞ p.132 ~ 138
   찾는 법: 괄호의 바로 앞 단어가 명사이다. **해석**: 모두 "ㄴ/ㄹ/의"로 해석한다.

① I bought the earrings (that I had seen).   그 귀걸이들 (내가 보았던)
② I needed some water (to wash my hair).   약간의 물 (내 머리를 감을)
③ There are small animals (drinking water).   작은 동물들 (물을 마시는)
④ The tall man gave me two red apples (in the box). 사과들 (상자에 있는)
⑤ The man (whom I know) bought me a book (to read).

(ㄷ) **단어, 구/절 ~ 문의 끝에 있는 수식어는 앞에 나온 동사/ 형용사를** 수식한다.
   찾는 법: 문의 끝에 있다. **해석**: "게/ㅣ", "에/에서", "여/서/러"이다.
   ②처럼 괄호가 형용사를 수식하면, "형용사의 보어"라고 하기도 한다.

① We met him every day.   매일 ~ 만났다
② I am sorry (that your dog was killed). (너의 개가 죽어서) ~ 유감인

Exercise

밑줄 친 부분에서 수식하는 것과 수식되는 것을 찾고 해석해 보세요.

Hint: 수식어는 괄호가 아니면 수식되는 것의 앞, 괄호이면 수식되는 것의 뒤에 있다.
  수식어가 문의 끝에 있으면, 앞에 나온 동사/ 형용사를 수식한다.

① This country has the warm climate (that I like).
② They are pretty small.
③ All my brothers have just arrived.
④ The man (reading the book)/ will meet me (to buy me (what I wanted)).
⑤ We/ met a very pretty girl (buying some ice cream).

답:

① the warm climate (that I like)   따뜻한 기후 (내가 좋아하는)

② pretty small.   상당히 작은

③ All my brothers/ have just arrived.   모든 나의 형제들은/ 방금 도착했다.

④ The man (reading the book)/ will meet me (to buy me (what I wanted)).
  그 남자는 (그 책을 읽는)/만날 거다 +나를~(나에게 (내가 원한 것)을 사주려고)

⑤ a very pretty girl (buying some ice cream)
  한 명의 아주 예쁜 여자 아이를 (아이스크림을 사는)

Tips

문법: 한정사 ☞ p.30
 한정사는 같은 단어가 명사로 쓰여 주의해야 한다. 명사이면 "것"이 붙어 있다.
all 모든 것, this 이것, these 이것들, that 저것, those 저것들

요점: 괄호가 **아닌 모든 수식어는 결국 맨 뒤에 있는 단어를 수식**하게 된다.
이것은 한글도 같다. ③에서 very는 pretty를 직접 수식하지만, pretty가 girl을 수식하여, 결국 girl 앞의 모든 단어들은 girl을 수식하게 된다.

① a very small town.   하나의 아주 작은 읍

② a pretty Korean girl   한명의 예쁜 한국의 여자 아이

③ a very pretty girl   한명의 아주 예쁜 여자 아이

(2) 수식어 찾기 2 ~ 예외:

3분 비법

> 수식어의 위치의 예외:
> (ㄱ) **부사**가 문의 끝/ 문의 처음에 있다.
> (ㄴ) **형용사**가 아주 드물게 명사의 뒤에 있다.

(ㄱ) 부사가 문의 끝에 있으면, 앞의 동사를 수식한다. ☞ p.139

① I <u>arrived</u> there **late**.   늦게 ~ 도착했다
② I have <u>talked</u> with him **seriously**.   심각하게 ~ <u>말했다</u>

(ㄴ) 드물게 부사가 문의 처음에 있다.

- 문의 연결에 사용하는 부사 ☞ p.139
  additionally 추가로, later 후에, however 그렇지만, then 그리고, first 첫 번에
① We selected Koreans. **Additionally**, we selected some Chinese. 추가로,
② He went to New York. **Later**, he went to L. A.   후에,

- "~게도" 의미의 부사: surprisingly 놀랍게도, luckily 운이 좋게도 ☞ p.139
① **Surprisingly,** he passed the test.   놀랍게도,
② **Luckily,** he married the girl (he wanted to marry). 운이 좋게도,

(ㄷ) 드물게 형용사가 명사의 뒤에 있다.

① ~thing, ~body, ~one 을 수식하는 형용사는 뒤에 온다.
  <u>something</u> **good** 좋은 것, <u>anything</u> **cool** 시원한 것, nothing valuable
  <u>somebody</u> **tall** 어떤 큰 사람, <u>someone</u> **young** 어떤 젊은 사람

② 정해진 몇 개의 형용사는 명사의 뒤에 올 수 있다.
  available, concerned, involved, present, responsible, required
  주의: 명사 앞에 올 때와 뒤에 올 때, 의미가 달라지는 형용사가 있다. ☞ p.29

  We/ discussed <u>the matter</u> **concerned** seriously.   관련된 <u>그 문제</u>

③ 형용사 뒤에 수식어가 있으면, 형용사는 명사의 뒤에 온다.
  They/ have <u>the knowledge</u> **necessary** (to make a weapon).
  그들은/ 가지고 있다 + <u>그 지식을</u> **필요한** (하나의 무기를 만들기 위해)

Exercise

블록 체와 밑줄 친 부분을 연결하여 해석해 보세요.

Hint: 대부분의 "부사/ 부사구/절"은 문의 끝에 오며, 앞에 나온 동사/ 형용사를 수식한다.

I met him (in Seoul). 나는/ 만났다 +그를 (서울에서).

① I write words **correctly**.
② I want to buy something **good**.
③ **Surprisingly**, I passed the exam.
④ There is nothing **available**.
⑤ Is there anything **cool**?
⑥ I live **(in the small town)** (in which the historic building is situated).
⑦ Jane showed her friends some of the clothes **(that she had bought)**.
⑧ I am willing **(to meet her again)**.
⑨ I am delighted **(to meet you again)**.
⑩ Do you remember the horrible things **(we said (to each other))**?

답:
① 정확하게 ~ 적는다   ② 좋은 ~ 것   ③ 놀랍게도 ~ 통과했다
④ 유용한 ~ 것 ... 없다   ⑤ 좋은 ~ 어떤 것 ⑥ (그 작은 읍에) ~ 산다
⑦ 그녀가 샀던 ~ 의복   ⑧ (그녀를 다시 만나기를) ~ 기꺼이 하는
⑨ (너를 다시 만나서) ~ 기쁜   ⑩ (우리가 (서로에게) 말한) ~ 그 지독한 것들을

Tips

문법: 수식어의 예외
명사가 명사를 수식하는 경우가 있다. 이 경우는 보통 앞의 명사가 뒤의 명사를 수식한다.
coffee house 커피 집, book shop 책방
language school 어학원, fish market 생선 시장, college students 대학생들

주의: 위치에 따라 의미가 변하는 특별 형용사
명사 앞에 올 때의 의미와 명사 뒤에 오거나 보어일 때의 의미가 다른 특별한 형용사

	명사 앞에서의 의미	명사 뒤/보어에서의 의미
concerned attitude	염려하는 태도	the MP concerned 관련된 국회의원
present	현재	참석한
certain	어떤	확실한
late	전/ 사망한	늦은
ill	나쁜	아픈
responsible	책임이 있는	책임을 지는

(3) 수식어의 해석:

> **3분 비법**

> **수식어의 해석:**
> (ㄱ) 한정사/ 조동사:　　몇 개의 정해진 단어만 있다.
> (ㄴ) 형용사/ 형용사구/절: "ㄴ/ㄹ/의"
> (ㄷ) 부사/ 부사구/절: 　"ㅣ/ㅔ", "에/에서", "여/서/러", 접속사의 의미

(ㄱ) **한정사:** 명사를 수식한다.　　　　**해석:** 아래의 표현만 있다.
① all (every, any)　　　　　　　　　모든 (모든, 어떤)
② a (an), the　　　　　　　　　　　하나 (하나), 그
③ my (your, his, her, its, our, their)　나의, (너/ 그/ 그녀/ 그것/ 우리/ 그들)의
④ this (that, these, those)　　　　　이 (저, 이, 저)

(ㄴ) **형용사/ 형용사구/절:** 명사를 수식한다. **해석:** 전부 "ㄴ/ㄹ/의"가 붙는다.
　　모든 관계사는 한글로는 한 가지로 해석한다. ☞ p.117

① **pretty** daughters　　　　　　　　**예쁜** 딸들
② bears **(catching salmons)**　　　　**(연어들을 잡는)** 곰들
③ animals **(in the cave)**　　　　　　**(굴에 있는)** 동물들
④ books **(to read)**　　　　　　　　　**(읽을)** 책들
⑤ part **(of the organization)**　　　　**(그 조직의)** 부분
⑥ the girl **(whom I am dating)**　　　**(내가 데이트 하고 있는)** 그 여자 아이

(ㄷ) **부사, 부사구/절:** 동사/ 형용사를 수식한다.
　　해석: "ㅔ/ㅣ", "에/에서, 여/서/러", "접속사의 의미"가 붙는다.☞ p.132 ~ 138
① He ran away **quickly**.　　　　　　그는/ 달아났다 **빨리**
② **(on** subway)　　　　　　　　　　　(지하철**에서**)
③ ((**to** live (in Seoul))　　　　　　　((서울**에서**) (살기 위하**여**))
④ ((Study**ing**) (in Seoul)), I lived alone.((서울**에서**) (공부했기 때문**에**)),
⑤ ((Publish**ed** (last month)), it became a bestseller.((지난달**에**) (출간이 되**자**)),

예외: 빈도 부사, 강조 부사, 문의 처음에 오는 부사는 "ㅔ/ㅣ"가 없다. ☞ p.139
① I **sometimes** meet him.　　　　　빈도 부사 ~ **가끔** 만난다
② I was **really** amazed (to meet him).　강조 부사 ~ **정말** 놀란
③ **Moreover,** I could not move at all.　문의 처음 ~ **더구나**

(ㄹ) **조동사:** 동사를 수식한다.　　　　**해석:** 몇 개밖에 없다. ☞ p.78

Exercise

밑줄 친 부분을 해석해 보세요.

① Mark is <u>a handsome man</u>.
② He is <u>an American soldier</u>.
③ The audience was <u>absolutely mesmerized</u>.
④ <u>Mr. Kim's sister</u> is <u>a college student</u> (majoring in economics).
⑤ Penicillin is <u>an antibiotic</u> (discovered) (by accident).
⑥ Money is <u>the best help</u> (to give) (to earthquake victims).
⑦ Dan's brother is <u>a reporter</u> (stationed) (in Korea).
⑧ Tico is <u>an economy car</u> (made) (in Korea), (imported) (by Ford), and (sold)(as an American car).

답:
① 한명의 잘 생긴 남자 ② 한명의 미국 군인 ③ 완전히 매혹에 빠진
④ 김 씨의 여동생, 한명의 대학생 ⑤ (우연히) (발견된) 한 개의 항생제
⑥ (지진 희생자들에게 줄) 가장 좋은 도움 ⑦ (한국에) (배치된) 한명의 리포터
⑧ (한국에서)(만들어진), (포드에 의해) (수입된), (미국 차로) (팔린) 경제적인 차

Tips

문법: 형용사와 형용사구/절의 문에서의 역할
(ㄱ) **명사를 수식 한다**: 명사를 수식하면 전부 "ㄴ/ㄹ/의"로 해석한다. ☞ p.132 ~ 138
　　형용사는 명사 앞에 오고, 형용사구/절인 **괄호는 명사 뒤**에 온다.
① 형용사:　　　a **kind** man　　　　　　한 친절**한** 남자
② 형용사구:　　a man (drinking water)　　(물을 마시**는**) 한 남자 ~ 괄호 ☞ p.52
③ 형용사구:　　a man (to drink water)　　(물을 마**실**) 한 남자 ~ 괄호 ☞ p.52
④ 형용사절:　　a man (who drinks water)　(물을 마시**는**) 한 남자 ~ 괄호 ☞ p.52
(ㄴ) **보어가 된다**.
① be동사 뒤:　　　　　　　　　　　　The weather is **warm**.　　따뜻**한**
② 목적어 뒤 - "게, (으)로, 다고/라고"로 해석 : We made it **soft**.　　부드럽**게**

요점: 수식어의 한글의 해석 ~ 한글에서 수식어는 항상 명사의 앞에만 온다.

- 단어 + 명사: a good book　　　　　한권의 좋은 책
- 명사 + 괄호: books (that I like)　　　(내가 좋아하는) 책들
- 동사 + 동사의 수식어 (단어와 괄호):
  I/ read it quick.　　　　　　　　　나는/ 그것을 빨리 읽었다
  We/ went (to London) (to study English). 우리는/ (런던에) (영어를 공부하러) 갔다.

2. 주어, 목적어 찾기

2.1. 주어, 목적어 찾기 1: 비법으로 찾는다.

3분 비법

> **주어의 순서** 찾기: 문의 맨 처음에 있는 **"첫 명사/ 첫 괄호"**를 본다.
> **목적어의 순서** 찾기: 목적어의 순서에서 **"첫 명사/ 첫 괄호"**를 본다.

주어/ 목적어를 찾는 방법:

(ㄱ) **주어**는 문에서 **"첫 명사/ 첫 괄호"**만을 보고 찾는다. ☞ p.24
  주어에 괄호가 없을 때 ~ 첫 번째 나온 명사 (첫 명사)를 찾는다.
  주어가 **괄호로 시작할 때** ~ ②에서 (What he gave me)는 첫 괄호이다.
  주어에 **괄호가 있어도** 괄호 앞에 단어가 있을 때 ~ ①에서 man이 첫 명사이다.
  각 구성에서 "첫 명사/ 첫 괄호"를 제외한 나머지는 모두 **수식어**이다.

① The man (whom I have met))/ will visit me.
    주어   동사   목적어   목적어   보어

단어 +첫 명사 +괄호	동사		첫 명사	
The man (whom I have met)	will visit		me.	

그 사람 (내가 만난)은/

② (What he gave me)/ is this expensive car.
   (그가 나에게 준 것)은/ 이다 + 이 비싼 차

(ㄴ) **목적어**는 주어에서와 같이 목적어에서 **"첫 명사/ 첫 괄호"**를 본다.
  목적어에서 첫 명사: ①에서 girl이다.
  목적어에서 첫 괄호: ①에서 (what he had), ②에서 (what I wanted)이다.

① The man/ gave this girl (what he had).
   주어   동사   목적어   목적어   보어

첫 명사	동사	첫 명사	첫 괄호	
The man	gave	this girl	(what he had).	
그 남자는/	주었다	이 소녀에게	(그가 가진 것)을	

② I/ bought (what I wanted).
   나는/ 샀다 + (내가 원한 것)을

Exercise

주어에서 명사 또는 "명사구/절"을 찾고, 주어를 해석해 보세요.

Hint: 보통 동사의 앞 전체가 주어이다.
　　　주어에 괄호가 없으면, 동사 바로 앞 단어가 **첫 명사**이다.
　　　주어가 **괄호로 시작하면**, 그 괄호는 "명사구/절"이다.

① (What I want)/ is this.
② (What I ate yesterday)/ was only an apple.
③ (What you are doing now)/ is important.
④ ((Sleeping) (after eating lunch))/ is called siesta.
⑤ ((To take a nap)(after lunch) (for twenty minutes))/ is good (for your health).
⑥ (Whether you like her)/ is the thing (that you have to consider).
⑦ (Whether I read the book)/ is the important matter.
⑧ I/ advised him (to meet his lawyer).
⑨ All the Korean books (published) (in Korea)/ are imported (by us).

답:
① (What I want)　　　　　　　　　　　(내가 원하는 것)은
② (What I ate yesterday)　　　　　　　(내가 어제 먹은 것)은
③ (What you are doing now)　　　　　　(네가 지금 하고 있는 것)은
④ ((Sleeping) (after eating lunch))　　　(점심을 먹은 후에) (잠자는 것)은
⑤ ((To take a nap) (after lunch) (for twenty minutes))
　 (점심 후에) (20분 동안) (낮잠을 자는 것)은
⑥ (Whether you like her)　　　　　　　(네가 그녀를 좋아하는 지)가
⑦ (Whether I read the book)/　　　　　(내가 그 책을 읽는 지)가
⑧ I　　　　　　　　　　　　　　　　내가
⑨ books　　　　　　　　　　　　　　(한국에서) (출판된) 모든 그 한국 책들은

Tips

질문: 주어/ 목적어/ 보어를 찾는데, 첫 명사/ 첫 괄호만 보는 이유는?

문의 1가지 순서는 5개의 구성이 1가지 순서로 배열된다.
각 구성에서 수식어는 없을 수도 있지만, 동사를 뺀 나머지 구성은 첫 명사/ 첫 괄호가 반드시 1개씩은 있어야 하고 이것을 찾으면 **"기본 순서"를 혼동하지 않고 찾을 수 있다.**

문의 기본 순서 1가지: 문에서 "필수성분"만을 연결하면 항상 1가지 순서가 된다.
수식어: 문에서 "필수성분"을 뺀 나머지는 모두 수식어이다.
수식어는 보통 수식되는 것의 앞/뒤, 문의 끝에 위치한다.

2.1. 주어, 목적어 찾기 2: 예외 ~ 주어가 문의 처음에 없는 경우

3분 비법

문의 처음에 나오는 **"명사, 명사구/절"**만이 주어에서 **"필수성분"**이 되며
부사나 부사구/절은 문의 처음에 나와도 주어가 아니다.

주어가 문의 처음에 없는 경우: ☞ p.128

(ㄱ) 부사나 부사구/절은 문의 처음에 있어도 주어가 아니다.

- 부사 ☞ p.139
① **Luckily**, I/ got a job.   운이 좋게도
② **Never** will I/ meet you again.   결코 ~아니다
③ **No** sooner had I/ entered my room (than a heavy rain began to fall). ~아니다

- 부사구/절 ~ 전치사로 시작하는 괄호:
  (**On** Monday) we/ headed for Seoul. (월요일에)

- 부사구/절 ~ 접속사로 시작하는 괄호:
  (**While** I was reading a book), Jane did her work. (내가 책을 읽는 동안에),

- "to 동사"로 시작하는 괄호는 <u>거의</u> 부사구/절이 된다. 이때는 보통 쉼표가 있다.
  (**To** get a good job), I/ studied English very hard. (좋은 직업을 갖기 위하여),

(ㄴ) 다음 표현은 be 동사가 주어 앞에 있는 경우이다.

- there + **be** + **주어** 또는 here + **be** + **주어** ☞ p.128
  이 표현은 be 동사 대신 다른 동사가 쓰일 수 있다: live 살다, arrive 도착하다, appear 보이다, come 오다, exist 있다, follow 따르다, go, stand, seem, rise
① There was a rich man (in a small town). 한 부자가/ 있었다 + (한 작은 마을에)
② There lived a rich man (in a small town). 한 부자가/살았다 + (한 작은 마을에)

- 질문에서는 "be 동사"가 주어 앞에 있다. "be 동사 + 주어..."
  Are you a famous singer (in Korea)?   너는 (한국에서) 유명한 가수니?

- 기타 도치된 표현들: ☞ p.128

Exercise

주어를 찾아서 표시하고 해석해 보세요.

Hint: there is, there are는 "~이 있다"로 해석한다. 주어가 동사의 뒤에 있다.
there live는 "~ 살고 있다"로 해석한다.
lot of는 수/양을 표현한다. 수량의 표현은 of의 앞을 괄호로 하는 예외이다. ☞ p.146

① There are two books.
② There are not any books.
③ There is not any book.
④ There seems (to be a kind man).
⑤ There exist (a lot of) opportunities.
⑥ However, this/ is not true.
⑦ (In 1978), I/ married her.
⑧ (In a nutshell), this/ is ridiculous.
⑨ (As a result), it/ is wiser (to live) (with them) (than to try avoiding them).
⑩ (For a month) you/ have heard no news, only rumors from a few people (you've met).

답:
① two books		2권의 책들이
② any books		어떠한 책들도
③ any book		어떠한 책도
④ (to be a kind man)		(친절한 한 사람이 있는 것으로)
⑤ (a lot of) opportunities		(많은) 기회들이
⑥ this		이것은
⑦ I		나는
⑧ this		이것은
⑨ it		그것은 ~ (그들과 사는 것)이
⑩ you		너는

Tips

참조: 명사를 찾는 법

첫 명사/ 첫 괄호는 각 순서에서 괄호를 보면 쉽게 찾을 수 있다. ☞ p.24
그러나 명사는 다음과 같은 방법으로도 구분할 수 있다.
(ㄱ) 명사의 앞에는 괄호가 아닌 한정사나 형용사가 있다. **some cheap** books
(ㄴ) 명사의 뒤에는 괄호인 "형용사구/절"이 있다.   books **(on the table)**

2.3. 주어, 목적어 찾기 3: 특별한 it, 주어가 없는 경우

3분 비법

> **it은 "그것"이라는 표현 외에도 다양한 의미가 있다.**
> **절의 주어가 없는 경우가 있다:** 동사ing나 동사ed가 쉼표와 같이 있는 경우

it의 다양한 의미:

- it는 "그것"으로 해석한다.

① It is big.   그것은 크다.
② Do you like it?   너는 그것을 좋아하니?

- it는 가주어로 "시간, 거리, 비용, 명암 ~"으로 해석하거나,
  해석을 아예 생략한다.
  아래의 예에서 "비용, 날씨, 시간"은 생략하고 해석할 수 있다.

① It takes two hours (to get there).   (그곳에 도착하는데) 2 시간이 걸린다.
② It costs two hundred dollars.   비용이 200불이 든다.
③ It is hot.   날씨가 덥다.
④ It is five o'clock.   시간이 5시다.
⑤ It is dark.   어둡다.

- it가 뒤에 있는 주어나 목적어를 대신하면 "그것"으로 해석하지 않는다.
  아래의 예 ①, ②, ③은 it 대신 괄호가 주어이고, ④는 it 대신 괄호가 목적어이다.

① It is necessary (to go home early tonight).   (오늘밤에 집에 일찍 가는 것)이
② It's been a pleasure (to meet him).   (그를 만나는 것)은
③ It's been a pleasure (meeting him).   (그를 만나는 것)은
④ You/ may find **it** difficult (deciding (what you want) (to say)).
  너는/ 알거야 + (네가 (말하기)를 원하는 것)을 결정하는 것)이 + 어렵다고

- 관용적인 표현에서 it는 해석하지 않아도 된다.

① Give it a try.   시도해 보아라.
② I made it.   나는 해냈다.

절 (괄호)의 주어가 없는 경우

특별하게 절 (괄호)의 주어가 없는 경우가 있다. ☞ p.44, 168

Exercise

it를 해석해 보세요.

① It/ is 10 o'clock.
② It/ is my dog.
③ It/ costs 200,000 won.
④ It/ is nice (to meet you).
⑤ It/ is impossible (to complete this work today).
⑥ It/ is certain (that he failed (to pass the exam)).
⑦ It/ was Paul (that I met (to discuss the matter yesterday)).
⑧ It/ is (between the two big buildings).

답:
① 시간이
② 그것은
③ 비용이
④ 해석 안함 (너를 만나서 좋다)
⑤ (오늘 이일을 끝내는 것)은
⑥ (그가 (그 시험을 통과하는 것)을 실패한 것)은
⑦ it는 강조를 위해 들어간 것이다.
(어제 그 문제를 토의하기 위해) (내가 만난) 그 사람이 바로 Paul이었다.
⑧ 그것은

Mistakes

영어	틀리는 해석	맞는 해석
It is two o'clock.	그것은 2시다.	2시이다.
I love its cover.	나는 그가 cover하는 것을 좋아한다. 나는 그것들의 cover를 좋아한다.	나는 그것의 cover를 좋아한다.
It's eating apples.	그것이 먹는 것은 사과들이다.	그것은 사과들을 먹고 있다.

Tips

주의: its의 의미

it의 복수는 its가 아니라 they, them이다. its는 "그것의"라는 의미이다.
It is cute.   그것은 귀엽다.   We like it.   우리는 그것을 좋아해.
They are cute. 그것들은 귀엽다.   We like them. 우리는 그것들을 좋아해.

3. 보어 찾기

3분 비법

> 보어는 2 곳에 있다.
> (ㄱ) be동사 뒤:　　　be동사 뒤의 **첫 명사/ 형용사**는 보어이다.
> (ㄴ) 목적어 (을/를)의 뒤: 목적어 뒤의 **첫 명사/ 형용사**는 보어이다.

(ㄱ) **be 동사** 뒤의 보어는 **"첫 명사/ 첫 괄호", 형용사**이다. ①, ②, ③ ☞ p.24
　　　"첫 명사/ 첫 괄호"를 찾는 법 ☞ p.24
　　　예외: 드물게 부사나 부사구/절이 보어가 될 수 있다. ④, ⑤, ⑥

① It　　　　is　　　pure **water**.　　　　　그것은/ 이다 + 순수한 물

② This　　　is　　　**(what I wanted)**.　　이것이/ 이다 (내가 원한 것)

③ She　　　is　　　really **cute**.　　　　　그녀는/ 이다 + 정말 귀여운

④ I　　　　am　　　**home**.　　　　　　　나는/ 있다 + 집**에**

⑤ All lights　were　**on**.　　　　　　　　모든 불이/ 있었다 + 켜져

⑥ Your book is　　　**(on the table)**.　　너의 책은/ 있다 + (책상 위**에**)

주의: "감각동사" (look, sound ...)는 뒤에 보어가 온다. "감각동사" ☞ p.42
"~되다"의 의미인 동사 (grew, become ...)는 뒤에 보어가 온다. ☞ p.42
① He/　　　looks　　　　**ill**.　　　　그는/ 보인다　　　아프**게**
② He/　　　grew　　　　**old**.　　　그는/ 되었다　　　늙**게**

(ㄴ) 목적어 뒤에 보어가 있다.
　　　이때 보어는 **"첫 명사/ 첫 괄호/ 형용사"**로 해석은 **"다고/라고, 로, 게"**이다.

　　주어/　　　동사　　　　목적어　　　　목적어　　　　**보어**
　① He/　　　calls　　　　　　　　　　　me　　　　　a bulldog.
　　 그는/　　 부른다　　　　　　　　　　나를　　　　 불독이**라고**

　② I/　　　　keep　　　　　　　　　　 it　　　　　　clean.
　　 나는/　　 유지한다　　　　　　　　　그것을　　　 깨끗하**게**

Exercise

문의 1가지 순서로 해석해 보세요.

Hint: 괄호가 아닌 수식어는 수식되는 단어의 앞에 있다. 수식어가 문의 끝에 있을 수 있다.

① We/ considered him a fool.
② He/ made the company profitable.
③ Sam/ is a smart farmer.
④ Sam/ became a smart farmer.
⑤ My son/ became a famous singer.
⑥ It/ remains constant.
⑦ He/ keeps awake.
⑧ He/ looks well.
⑨ He/ seems strange.

답:

"주어	+동사	+목적어	+목적어	+보어"
① 우리는/	간주했다		그를	바보로
② 그는/	만들었다		그 회사를	이익이 나게
③ Sam은/	이다 be			영리한 농부
④ Sam은/	되었다			영리한 농부가
⑤ 나의 아들은/	되었다			유명한 가수가
⑥ 그것은/	남아있다			일정하게
⑦ 그는/	유지한다			깨어있는 상태로
⑧ 그는/	보인다			건강하게
⑨ 그는/	보인다			이상하게

Tips

문법: 감각 동사

감각을 나타내는 동사 (감각 동사)는 "눈, 귀, 코, 입, 피부"에 관련된 동사이다.
"감각 동사"는 be동사처럼 뒤에 보어 (형용사)가 온다.

눈: ~ 보이다 look   귀: ~ 들리다 sound   코: ~ 냄새가 나다 smell
입: ~ 맛이 나다 taste   피부: ~ 느끼다 feel

주의: 감각 동사라도, 뒤에 목적어 (을/를)가 나오면, 보어인 형용사가 나오지 않는다.
look at ~를 보다, smell 냄새를 맡다, taste 맛을 보다, feel ~를 느끼다.

① I/ looked at her.   나는/보았다   그녀를
② I/ smelled it.   나는/ 냄새 맡았다   그것을
③ He/ tasted the cheese.   그는/ 맛보았다   그 치즈를

4. 동사 찾기
~ 괄호를 하고 나면 "기본 동사"는 쉽게 찾는다.
4.1. "기본 동사" 찾기

> 3분 비법

> "기본 동사"는 괄호의 밖에 있으며, 1개의 문에 1개가 있다.

"기본 동사" 찾기: 동사는 고급 문이라도 다음 방법으로 쉽게 찾을 수 있다.

(ㄱ) 문의 "기본 동사"는 **괄호의 밖**에 있다.

① (**Wh**at I know)/ is (**that** you stole my purse).
　(내가 아는 것)은/이다 + (네가 나의 지갑을 훔쳤다는 것).

② (**Wh**at makes you happy) makes me happy.
　(너를 행복하게 만드는 것)이/ 만든다 + 나를 +행복하게

(ㄴ) 괄호 밖의 "am, are, is, was, were"는 항상 문에서 "기본 동사"이다.

① (**Wh**at makes me sad) is (**to** see the kids) (sleep**ing**) (**on** the street).
　(나를 슬프게 만드는 것)은/ 이다 + (그 애들을 보는 **것**) (잠자**는**) (길에**서**)

② (Work**ing** with him) was a good way (**to** know him better).

(ㄷ) 조동사의 뒤는 동사가 있다.
　　조동사: (be, have, do, will, can, be going to, used to 등) ☞ p.78
① I **am** eating cheese now.　　　　　　먹고 있다
② My dog **was** killed today.　　　　　　죽음을 당했다
③ I **have** eaten three apples.　　　　　먹었다
④ He **will be** living (in Seoul) next year. 살고 있을 거다
⑤ The poor man **will** be here soon.　　있을 거다

(ㄹ) "기본 동사"는 보통 **~s, ~es, ~ed**가 붙어 있다. ☞ p.45
① He/ enjoy**s** (playing soccer).　　　　그는/ 즐긴다 + (축구를 하는 것)을
② He/ work**ed** all day.　　　　　　　　그는 일을 했다 온종일

Exercise

문의 "기본 동사"와 조동사를 찾고, "기본 동사"와 조동사를 함께 해석해 보세요.

① Mark/ sent me e-mails.
② (Eating too much food)/ will make you fat.
③ He/ has been living (in Seoul) (for one year).
④ We/ will meet the man (whom you want to marry).
⑤ I/ enjoyed watching the soccer game.
⑥ I/ enjoyed watching my son playing soccer with his friends.
⑦ Sam/ is a Korean student majoring in information systems at the University of Texas.
⑧ I/ am accustomed to his smoking.

답:
① sent 보냈다 ② will make 만들 거야 ③ has been living 살아오고 있다
④ will meet 만날 거야 ⑤ enjoyed 즐겼다 ⑥ enjoyed 즐겼다 ⑦ is 이다
⑧ am 이다, 여기서 accustomed는 형용사로 "익숙한"의 의미

Tips

문법: be동사와 "일반동사" 찾기

be동사: "am, are, is, was, were, be, been"으로 "이다, 있다, 되다"의 의미이다.

① They/	**are**		Japanese.	그들은/	**이다**	일본인
② She/	**is**		cute.	그녀는/	**다**	귀여운
③ I/	will **be**		there.	나는/	있을 거다	그곳에
④ He/	has **been**		a banker (for one year).	그는/	**있다**	은행원으로 (1년 동안)
⑤ I/	want to **be**		a farmer.	나는/	원한다	(농부가 **되는** 것)을

"일반동사": "ㄴ다"가 붙어 의미가 통하는 것은 모두 "일반동사"이다.
예: make, believe는 " ~ㄴ다"가 될 수 있어 동사이다. "make 만**든다**, believe 믿**는다**"

① We/	**made**	it	beautiful.
우리는/	**만들었다**	+ 그것을	+ 예쁘게
② We/	**believe**	(that your answer is correct).	
우리는/	**믿는다**	+ (너의 답이 맞다고)	

4.2. 동사 찾기 ~ 예외: 해석에 조심할 동사들
~ 한국인들이 어려워하는 동사

3분 비법

모두 "~ 되다"로 해석하는 동사: become, come, grow, get, go, turn (out), end up (끝나게) 되다, prove 판명되다
일정한 한글 표현이 붙는 주의 할 동사: "marry, die, keep, stay"/ 감각동사

(ㄱ) 다음 동사는 **전부 "되다"**로 해석한다.
(보통 동사 뒤에 다음과 같은 형용사가 온다.)

- grow 되다: grow + sick (angry, big, old, older, longer, louder, smaller, stronger, warmer, weaker, worse)
  He grew sick.   그는/ **되었다** + 아프게

- get 되다/ 지다: get + ready (angry, bigger, old, older, better, bored, cold, dressed (up), drunk, lost, mad, pissed (off), sick, tired, upset)
  They helped him (get ready). 그들은/ 도왔다 + (그가 준비되도록)

- go 되다: go + bad (crazy, limp, mad, wrong)
  He felt (his body go limp). 그는/ 느꼈다 + (그의 몸이 지치게 되는 것)을

- come 되다: come + clean (alive, awake, loose, short, true, unstuck)
  It came clean.   그것은/ 되었다 + 깨끗하게

- turn 되다, turn out 되다, end up (끝나게) 되다.
  They turned out all right. 그들은/ 되었다 + 무사하게
  I ended up angry.   나는/ 되었다 + 화나게

(ㄴ) 특정한 동사 뒤에 형용사가 오면 **형용사는 "~서, ~채로"** 해석한다.
특정한 동사: remain, stand, stay, keep, die, marry
He married old.   그는/ 결혼했다 + 늙어**서**
He died young.   그는/ 죽었다 + 젊어**서**

(ㄷ) "감각동사"는 뒤에 형용사가 오면 **"~난다, ~진다"**로 해석한다. ☞ p.39
It smells good.   그것은/ 냄새가 **난다** + 좋게

Exercise

동사와 동사 뒤의 형용사를 함께 해석해 보세요.

Hint: 영어는 단어가 달라도 똑같은 의미로 해석되는 동사가 있다.
grow, get, go, come, turn 등에 형용사가 올 때
marry, die 등의 동사 뒤에 형용사가 올 때
감각동사 뒤에 형용사가 올 때

① His eyes/ grew darker.
② It/ grew cold.
③ I/ would go mad.
④ They/ turned out wrong.
⑤ Something went wrong.
⑥ It/ remains open.
⑦ He/ keeps quiet.
⑧ He/ stays awake.
⑨ It/ tastes nice.
⑩ It/ looks great.

답:
① 어둡게 ~ 되었다
② 차게 ~ 되었다
③ 미치게 ~ 될거다
④ 잘못 ~ 되었다
⑤ 잘못 ~ 되었다
⑥ 연 채로 ~ 있다
⑦ 조용한 채로 ~ 있다
⑧ 깬 채로 ~ 있다
⑨ 맛있게 ~ 맛이 나다
⑩ 멋지게 ~ 보인다

Mistakes

영어	틀리는 해석	맞는 해석
You look well.	너는 잘 본다.	너는 건강하게 보인다.
He grew sick.	그는 아프면서 자랐다.	그는 아프게 되었다.

4.3. 동사 찾기 ~ 예외: 조동사 be/have, 동사/주어 없음

3분 비법

> be와 have가 조동사이면 뒤에 동사가 있다.
> (ㄱ) be + 동사ing:　　~중이다, ~고 있다
> (ㄴ) be + 동사ed:　　~당하다, ~되다, ~히다
> (ㄷ) have + 동사ed:　　쓰다, ~적이 있다, ~동안 ~고 있다
>
> 동사나 주어가 없는 경우: 동사ing, 동사ed가 쉼표와 같이 있다.

be와 have: **동사** 또는 **조동사**로 쓰이며, be와 have가 조동사이면, 뒤에 동사가 온다. 이 형태는 특별한 의미를 갖고 있다. be와 have의 변화 p.183

(ㄱ) **be + 동사ing**: ~중이다, ~고 있다　　　　　　진행 ☞ p.70
① He **is** meet**ing** his daughter now.　　　　만나**고 있다**　　~ 현재 진행
② I **was** meet**ing** my daughter at that time.　　만나**고 있었다**　　~ 과거 진행
③ She **will be** meet**ing** her daughter next month. 만나**고 있을 거야**　~ 미래 진행

(ㄴ) **be + 동사ed**: "당하다", "되다" ...　　　　수동 ☞ p.84
①　　My chickens **were** kill**ed** (by your dog).　　죽음을 **당했다**
②　　The water **was** contaminat**ed**.　　　　오염이 **되었다**

(ㄷ) **have + 동사ed**: 3가지의 의미 중 1가지로 해석한다. 현재완료 ☞ p.72
　　　쓰 다, ~적이 있다, ~동안 (부터) ~오고 있다

① I **have met** him (this morning).　　　　　　만**났**다
② I **have seen** it once.　　　　　　　　　　만난 **적이 있다**
③ He **has studied** English (since he was 17).　　~부터 **공부해 오고 있다**

동사나 주어가 없는 경우:
예외의 절 (괄호)은 주어와 동사가 보이지 않거나, "접속사 + 동사ing", "접속사 + 동사ed"로만 쓰인 경우가 있다. 이때는 보통 쉼표가 있으므로 쉼표를 보고 찾는다. 이 경우는 with, on으로 시작하는 경우도 있다.

① It is a friendly place, (fill**ed**) (with people) (from the same country).
② It looked beautiful (<u>with</u> the moonlight glimmer**ing**) (on the surface).
③ (<u>With</u> her arms outstretch**ed**), she stood there (for ten minutes).

Exercise

"조동사 + 동사"를 찾고 뜻을 적어 보세요.

① I/ will watch TV tomorrow.
② I/ am watching TV now.
③ I/ was watching TV (when you came home).
④ I/ will be watching TV (when you come home).
⑤ I/ have just completed my homework.
⑥ I/ have lived (in Seoul) (for ten years).
⑦ I/ haven't smoked (for two months).
⑧ The book/ was written (by Mr. Kim).
⑨ All (of your apples)/ were eaten (by locusts).

답:
① will watch   볼 거다
② am watching   보고 있다
③ was watching   보고 있었다
④ will be watching   보고 있을 거다
⑤ have just completed   방금 끝냈다
⑥ have lived   살아오고 있다
⑦ haven't smoked   담배를 피우지 않고 있다
⑧ was written   쓰였다
⑨ were eaten   먹히었다

Tips

문법: 동사의 원형, 현재, 과거, 과거분사는 무엇이 다르나?

보통 동사의 과거와 과거분사는 "동사ed"로 같은 형태이다.
그러나 과거와 과거분사가 다른 불규칙한 형태도 있다.

동사의 원형	동사의 현재	동사의 **과거**	동사의 **과거분사**	동사의 ing
work	works, work	work**ed**	work**ed**	working
eat	eats, eat	ate	eaten	eating
be	**am, are, is**	**was, were**	**been**	**being**
have	has, have	had	had	having
do	does, do	did	done	doing

4.4. 동사 찾기 ~ 예외: (동사ing)는 동사가 아니다.
~ be가 없는 "동사ing"는 동사가 아니다.

> **3분 비법**

> be가 없는 동사ing는 동사가 아니며 모두 구/절로 괄호에 넣는다.
> 예외: ~ing가 원래 형용사인 것은 구/절이 아니다. interesting, surprising, living

be가 없는 (동사ing)는 3가지 의미가 있다.
(동사ing)는 문에서의 위치에 따라 3가지 의미 중 1가지로 결정된다.
- 명사구/절: 문의 기본 구성에서 "첫 괄호"는 명사구/절이다.
- 형용사구/절: 명사의 뒤에 있다.
- 부사구/절: 문의 끝에 있거나, 쉼표와 같이 있다.

예를 들어 (meeting you)는 "명사/ 형용사/ 부사"의 3가지로 해석된다. ☞ p.134

(ㄱ) 명사구/절: "것" ☞ p.56
   I/ like (meeting you).   나는/ 좋아해 + (너를 만나는 것)을

(ㄴ) 형용사구/절: "ㄴ" ☞ p.56
   I/ know the girl (meeting you).   나는/ 안다 + (너를 만나는) 그 여자를

(ㄷ) 부사구/절: "여/서/러, 에", "접속사 + 동사" ☞ p.58
   형용사 뒤에 오는 동사ing는 문법적으로 형용사의 보어로 부르기도 한다.

- "여/서/러, 에"
  I was busy (learning English).   나는/ 바빴다 (영어를 배우기에)

- 접속사의 의미: 쉼표와 같이 있는 동사ing는 "접속사"를 넣어 해석한다. ☞ p.61
  접속사는 주로 "때, 때문에/~라도, ~면" 등이나 거의 모든 접속사를 쓸 수 있다.
  동사ing 앞에 주어 또는 접속사가 있을 수 있다.
① (Meeting him), I/ was thinking (about your mother).   (그를 만났을 때),
② (Sam meeting his father), I felt happy. (Sam이 그의 아버지를 만났기 때문에),

> **Tips**

> 문법: be동사 + 형용사 (busy, fortunate, worth) + 동사ing
> 이러한 형용사 뒤의 동사ing의 한글 해석은 부사처럼 "~에/서"가 적당하다.
> I was busy (learning English).   나는/ 바빴다 (영어를 배우기에)

Exercise

괄호와 밑줄 친 부분을 해석해 보세요.

① (Drinking Coke) is a bad habit.
② (The sleeping child) (over there) is my sister.
③ (Tom studying English), Kim listened to music.
④ I am eating an apple now.
⑤ (Reading books) is a good way to learn new things.
⑥ (Working elephants) are very popular in this country.
⑦ There are (marching soldiers).
⑧ (Working a little harder) (at school), you feel a little happier at home.
⑨ (Conquering Britain) (in 1,066)), France exported its language to Britain.
⑩ We are (like a small fresh water pond) being invaded (by a huge ocean) (which flows in).

답:
① (콜라를 마시는 것)은/   ② (저 곳에서) (잠자는) 그 아이
③ (Tom이 영어를 공부하는 동안), ④ 먹고 있다
⑤ (책들을 읽는 것)은   ⑥ (일하는 코끼리들)은
⑦ (행진하는 군인들)   ⑧ (학교에서) (조금 더 열심히 공부하면),
⑨ (1,066년에) (영국을 정복하자) ⑩ (침범을 당하고 있는)

Tips

요점: ~ing, ~ed가 문에서 적혀 있는 위치:
① **명사 앞의** "~ing/ ~ed"는 보통 형용사로 명사 앞에서 수식한다. (사전에 형용사로 표시)
② **명사 뒤의** "~ing/ ~ed"는 거의 괄호가 되는 형용사구/절로 앞의 명사를 수식한다.
그러나 드물게 형용사가 아니어도 다음 단어들처럼 명사의 앞에 올 수 있는 단어가 있다.
escaping, barking, falling, fallen 등
escaping prisoner, 도망가는 죄수들, escaped boys 도망간 소년들
a barking dog 짖는 한 마리의 개, the offending proposal 기분을 상하게 하는 그 제안
I/ read a story (about (**escaped**) prisoners). ((도망간) 죄수들)에 대한

요점: "be + 동사ing"와 (동사ing)의 비교:
(ㄱ) "be + 동사ing"는 진행의 의미: "~중이다/ ~고 있다"
     He **is reading** a book.   그는/ 읽**고 있다** + 책 한권을
(ㄴ) (동사ing)의 의미 ~ 3가지의 의미: "것", "ㄴ", "서/ 에/ 접속사 + 동사" ☞ p.134
     I like (read**ing** books).   나는/ 좋아해 + (책들을 읽는 **것**)을
     I know the girl (**reading** a book). 나는/ 안다 + 그 여자 아이를 (한 권의 책을 **읽는**)

4.5. 동사 찾기 ~ 예외: (동사ed)는 동사가 아닐 수 있다.
~ (동사ed)는 구/절인 경우와 "동사의 과거"인 경우가 있다.

3분 비법

> 동사ed는 2가지 중 1가지이다.
> 동사ed는 "동사의 과거"또는 "구/절"로 괄호에 들어간다.

동사ed는 2가지로 쓰인다.

(ㄱ) **"동사ed"가 과거동사인 경우:** 과거를 나타내며 "ㅆ"으로 해석한다. ☞ p.45
① I **worked** (for an hour).   과거동사 ~ 일**했**다
② People **slept** (in the farm).   과거동사 ~ 잠**잤**다

(ㄴ) **"동사ed"가 과거분사인 경우:** 구/절이며 괄호에 넣는다. ☞ p.132 ~ 138

- **형용사구/절이며 "ㄴ" (수동의 의미 ~당한)으로 해석**한다. TIPS의 box 참조
  바로 앞의 명사를 수식한다.

  ① I think (that it is lucky to find seeds **(eaten)** (by birds)
  나는/생각해 + ((새들에 의하여) (먹**힌**) (씨앗들을 발견하여) 운이 좋다고)

  ② The peaches **(kept)** (in the refrigerator)/ were rotten.
  (냉장고에) **(저장된)** 그 복숭아들은/ 있었다 + 썩은

- **부사구/절 ~ 쉼표와 같이 있는 "동사ed"는 "수동 + 접속사"의 의미이다.**
  접속사는 주로 때, 이유에 관련된 표현이다. (때에, 때문에/서...) ☞ p.61
① (<u>Given</u> the meal), Mark hurriedly wolfed it down. (그 음식이 주어**졌**을 때),
② (<u>Led</u> by Paul), a lynch mob formed early. (Paul에 의해 주도**되었**기 때문에),

Tips

> 중요: 구/절인 동사ed는 거의 피동의 의미 (~당한)로 해석한다.
> (ㄴ)의 ①에서 eaten의 해석: 먹힌 O   먹은 X
> (ㄴ)의 ②의 kept의 해석: 저장된 O   저장한 X
> <u>드물게</u> 특정 동사 escaped 도망간, fallen 떨어진, vanished 사라진, reduced prices, increased prices 등은 "완료(~끝난)"로 해석이 가능하다.
>
> They/ know the criminal **(escaped)** (from the prison).
> 그들은/ 안다 + 그 범죄자를 **(도망간)** (그 감옥으로 부터)

Exercise

밑줄 친 부분을 해석해 보세요.

① Europeans eat (<u>cooked frogs</u>).
② (<u>Born (in Seoul)</u>), I grew up there.
③ There are (a lot of)(<u>fallen leaves</u>) (in the garden).
④ The lion (<u>that had eaten my dog</u>) <u>was killed</u> (by the hunter).
⑤ The man (<u>who talked</u>) (to your father) is my dad.
⑥ I know the man (<u>fallen</u>) (from the roof) (of the tall building).
⑦ Imagine your brain (as a house) (<u>filled</u>) (with a lot of information).
⑧ (<u>Kept</u>) (<u>in the refrigerator</u>)), the peaches were not rotten.

답:
① 요리**된** 개구리들   ② ((서울**에서**) 태어났기 **때문에**)
③ (떨어**진** 잎들)이   ④ (나의 개를 먹었**던**), 죽음을 당했다 ⑤ (말**한**)
⑥ (떨어**진**) ⑦ (채워**진**) (많은 정보**로**) ⑧ (냉장고**에**) (저장되어 있었기 **때문에**)

Mistakes

영어	틀리는 해석	맞는 해석
the dog (killed) (in an accident)	사고에서 **죽은** 그 개	사고에서 죽음을 **당한** 그 개
my dog (kill**ed**) (by a car)	(차에 의해) 나의 개는 죽었다	차에 의해 (죽음을 **당한**) 나의 개

Tips

요점: 문에서 "동사ed"를 해석할 때 주의 점

(ㄱ) 동사의 **과거**로 쓰는 경우: 과거분사와 같아 혼동된다. 예: worked, walked ☞ p.45
① I work**ed** at the company in 2004.   ~ work**ed**는 과거
② I **have** work**ed** at the company for 10 years. ~ work**ed**는 과거분사

(ㄴ) 과거분사가 구/절로 쓰이면, "ㄴ" ① ~ ④ 또는 "접속사 + 수동" ⑤의 의미가 있다.
① babies (loved) (by their mothers)   (사랑을 받은) 아기들   수동의 의미
② goods (made) (in China)   (만들어진) 상품   수동의 의미
③ goods (being made) (in China) now   지금 (만들어지고 있는) 상품 수동 + 진행
④ prisoners (escaped) (from the prison) (도망간) 죄수들   완료의 의미
⑤ (Arrested) (by the police), I called my lawyer. (체포되었기 때문에), 접속사 + 수동

(ㄷ) **과거분사**가 be나 have와 같이 쓰인 경우:
   "be + 동사ed"/ "have + 동사ed" ☞ p.48

4.6. 동사 찾기 ~ 예외: "동사ing, 동사ed"가 형용사
~ ~ing/ ~ed가 붙어 있지만, 원래 형용사인 단어가 있다.

> **3분 비법**
>
> ~ing/ ~ed는 동사처럼 보이지만 형용사인 것이 있다.
> ~ing   ~는   예: confusing   혼란시키는
> ~ed   ~ㄴ   예: confused   당황한

~ing/ ~ed가 붙어 있지만 형용사인 단어들이 있다. 사전에 형용사로 나와 있다.

(ㄱ) 명사의 앞에 온다.
① a confus**ing** question 당황하게 만드는 문제   a confus**ed** man   당황한 남자
② a satisfy**ing** job   만족을 주는 일   a satisfi**ed** customer 만족한 고객

(ㄴ) be동사 뒤에 온다.
① It is confus**ing**.   그것은 혼란시키고 있다.
② I am confus**ed**.   나는 당황한 상태이다.
③ It is satisfy**ing**.   그것은 만족을 주고 있다.
④ I am satisfi**ed**.   나는 만족한 상태이다.

형용사 ~ing/~ed의 의미:
보통 형용사 ~ing는 "는"(진행), ~ed는 "ㄴ"(완료/ 수동)이 붙는다.

confus**ing**	당황하게 만드**는**	confus**ed**	당황**한**
surpris**ing**	놀라게 하**는**	surpris**ed**	놀**란**
satisfy**ing**	만족을 주**는**	satisfi**ed**	만족**한**
retir**ing**	은퇴하**는**	retir**ed**	은퇴**한**
disturb**ing**	불안하게 하**는**	disturb**ed**	불안**한**
worry**ing**	걱정이 되**는**	worri**ed**	걱정스러**운**

예외의 형용사의 의미:
드물게 ~ing가 "ㄴ", ~ed가 "는"이 있다.

exciting 자극적**인**   (excited 흥분**한**) shocking 쇼킹**한** (shocked 충격을 받**은**)
boring 재미없**는**   (bored 재미없**는**)   missing 없어**진**
① an excit**ing** movie 자극적인 영화   an excit**ed** man 흥분한 남자
② It is excit**ing**.   그것은 자극적이다. I am excit**ed**.   나는 흥분되어 있다.

Exercise

~ing, ~ed가 붙은 표현을 "수식되는 명사"와 함께 해석해 보세요.

Hint: ~ing, ~ed는 명사에 앞에 있으면, 보통 괄호를 하지 않는 형용사이다.
sleeping, falling, fallen, recycled, living, growing, grown은 명사의 앞에서 쓰이면 형용사로 해석한다. (사전에 형용사로 나와 있음)

① China was a <u>sleeping giant</u>.
② There are (lots of) <u>falling rocks</u> (in this area).
③ I picked up <u>fallen rocks</u> here.
④ I used <u>recycled paper.</u>
⑤ All <u>living organisms</u> are beautiful.
⑥ <u>Growing human population</u> will be a big burden (to the world) someday.

답:
① 잠자는 거인
② 떨어지는 돌들
③ 떨어진 돌들
④ 재생된 종이
⑤ 살아있는 생명체들
⑥ 늘어가는 인구

Mistakes

영어	틀리는 해석	맞는 해석
falling rocks	돌들이 떨어지는 중이다	떨어지는 돌들
fallen rocks	돌들이 떨어졌다	떨어진 돌들
living organisms	생명체들이 살고 있다	살아있는 생명체들

특별한 동사는 뒤에 to가 생략된다. ☞ p.64

영어	틀리는 해석	맞는 해석
I heard him (sing).	나는 그가 노래한다고 들었다.	나는/들었다 +그가 (**노래한 것**)을
I heard him (singing).	나는 그가 노래한 것을 들었다.	나는/들었다 +그가 (**노래하는 것**)을

Tips

요점: "동사ing/ 동사ed"가 구/절인 경우와 형용사인 "~ing/ ~ed"의 차이

동사ing, 동사ed가 구/절이면 **명사의 뒤에서** 명사를 수식한다.
animals (living) (in the forest) 동물들 (사는) (숲에서)
그러나 형용사인 ~ing, ~ed는 **명사의 앞에서** 명사를 수식하거나 보어로도 쓰인다.
interesting, surprising, missing, living, cooked

5. 구와 절 찾기와 해석
~ 괄호를 찾고 만드는 법, 해석의 방법

5.1. 구/절 찾기 1

3분 비법

> **구/절 만들기:** "to, ing, ed, that, wh~, 전치사, 접속사"만을 찾아 괄호로 한다.
> **구/절의 순서:** 1 가지 순서이다.   ~ (주어 + 동사 + 목적어 + 목적어 + 보어)
>   예외의 순서가 있다. ~ (전치사 + 명사/ (명사구/ 절))

구/절 만들기:
정해진 표현만을 찾아 구/절을 괄호로 한다. wh~ ☞ p.182

(ㄱ) 정해진 표현 (☞ p.8)부터 시작하여 "1가지 순서" 전체를 괄호로 한다.

- **괄호 내의 "1가지 순서"**를 괄호로 한다. (주어 + 동사 + 목적어 + 목적어 + 보어)

① I know (**that** he wants the book).　　　(**that** + 주어 + 동사 + 목적어)
　　　　(그가 그 책을 원한다는 것)을
② I/ know (**wh**at he wants).　　　　　　　(**wh~** + 주어 + 동사)
③ He met the man (**wh**om I knew).　　　　(**wh~** + 주어 + 동사)
④ (**As** I saw her), she cried.　　　　　　(**as** + 주어 + 동사 + 목적어)

- 괄호에 주어가 없으면 동사부터 시작한다. (동사 + 목적어 + 목적어 + 보어)

① I work (**to** buy her a house).　　　　　(**to** 동사 + 목적어 +목적어)
　　　　(그녀에게 집을 사주기 위하여)
② I/ like (play**ing** soccer).　　　　　　(동사**ing** + 목적어)
　　　　(축구를 하는 것)
③ I know the actor (lov**ed**) (by all Koreans).　(동사**ed**)
　　　　　　(사랑을 받은)

(ㄴ) **예외:** 전치사 뒤는 명사/ 명사구/절만 온다. ☞ p.59

① He/ goes (**to** school)　　　　　　　　(전치사 **to** + 명사)
　　　　(학교에)
② It is (**about** (what we should do now)).　(전치사 **about** + 명사절 wh~)

Exercise

다음 문에서 정해진 구/절을 골라 괄호를 해 보세요.

① I hope to meet you soon.
② I know the man reading the contract.
③ Do you know anybody robbed by this man here?
④ Dan's brother is a reporter stationed in Korea.
⑤ Penicillin is an antibiotic discovered by accident.
⑥ Jurassic Park is a movie directed by Steven Spielberg.
⑦ I hope that he will find it.
⑧ Do you know what he wants?
⑨ When I saw her, she was sleeping.
⑩ We met the man in a blue shirt.
⑪ I bought a computer in the box.

답:

① I/ hope (**to** meet you soon).　　　　괄호 (to + 동사 meet + 목적어 you)
② I/ know the man (read**ing** the contract). 괄호 (동사 read +목적어 the contract)
③ Do you know anybody (robb**ed**) (**by** this man) here? 괄호 (동사 rob)
④ Dan's brother/ is a reporter (station**ed**) (**in** Korea).
⑤ Penicillin/ is an antibiotic (discover**ed**) (**by** accident).
⑥ Jurassic Park/ is a movie (direct**ed**) (**by** Steven Spielberg).
⑦ I/ hope (**that** he will find it).　　　괄호 (that + 주어 he + 동사 + 목적어)
⑧ Do you/ know (**wh**at he wants)?　　괄호 (wh~ + 주어 he + 동사 wants)
⑨ (**Wh**en I saw her), she/ was sleeping. 괄호 (wh~ + 주어 I + 동사 + 목적어)
⑩ We/ met the man (**in** a blue shirt).　괄호 (전치사 in + 명사 shirt)
⑪ I/ bought a computer (**in** the box).　괄호 (전치사 in + the box)

Tips

요점: 정해진 표현만을 구/절로 만들며, 문의 다른 부분과 쉽게 구분하기 위해 괄호를 한다.
　　　괄호는 괄호 전체가 1개의 단어 (명사, 형용사, 부사)와 같다.

① (**Wh**at I want to buy) is a nice car.　(내가 사기를 원하는 **것**)은 ~ 괄호가 **명사** 역할
② The man (**wh**om I met) was Sam.　　(내가 만난)　　　　 ~ 괄호가 **형용사** 역할
③ (**In** Seoul), I met her again.　　　　　(서울에서)　　　　 ~ 괄호가 **부사** 역할
④ I/ will talk (**about** (**how** I got it)).　(에 대하여 (어떻게 내가 그것을 구했는지))

5.2. 구/절 찾기 2 ~ 안 보이는 구/절 찾기

3분 비법

> 정해진 표현은 생략되어도 괄호를 한다.
> (ㄱ) **that**의 생략: 특정 동사 뒤에 오는 that
> (ㄴ) **that, wh~**의 생략: 명사와 명사가 겹친 곳에 오는 관계사인 that/ wh~ 생략
> (ㄷ) **to**의 생략: 정해진 동사 뒤에 오는 to
> (ㄹ) **접속사**의 생략: "동사ing/ 동사ed"가 쉼표와 같이 있을 때
> (ㅁ) **전치사**의 생략: 문의 처음에 오는 전치사 또는 정해진 표현에서 생략

안 보이는 괄호 표현: 정해진 표현이 생략되어도 괄호를 해야 한다.

(ㄱ) **보이지 않는 that:** "~것/ 다고/ 라고"로 해석되는 that
　　생략된 부분 찾기: 특별한 동사가 있는가를 본다.
　　동사 "think 생각하다, believe 믿다, suppose 생각하다, guess 추측하다, know 알다" 뒤의 that은 생략될 수 있다.
　　I/ **think** (English/ is difficult (to learn)). (영어가 (배우기에) 어렵다고)

(ㄴ) **보이지 않는 that/ wh~의 생략:** "ㄴ/ㄹ"의 의미로 해석되는 that/ wh~
　　생략된 부분 찾기: 명사 2개가 겹쳐 있다. **명사 + (명사 + 동사 ...)**
　　겹친 부분에 that/ wh~가 생략된 것이다. that/ wh~은 "ㄴ/ㄹ, 의"이다.
　　① I met <u>the man</u> (**you** had met before).　　그 **사람**을 (네가 전에 만났**던**)
　　② I think this is <u>the **place**</u> (**you** ate supper).　　그 **장소** (네가 저녁을 먹**은**)

(ㄷ) **보이지 않는 to:** 특별 동사의 뒤에서 to가 빠진 경우가 있다. ☞ p.64
　　생략된 부분을 찾는 법: 정해진 동사가 있는가를 본다.
　　　▪ have, make, let가 "시키다"의 의미일 때는 to가 생략된다.
　　　▪ help (돕다) 뒤에 오는 동사는 to가 있지만, 없을 수도 있다.
　　　▪ see, watch, hear, feel, smell 등의 뒤의 동사는 to가 생략된다.

(ㄹ) **생략된 접속사:** 동사ing/ 동사ed + 쉼표는 보통 접속사가 생략된다. ☞ p.168
　　"때/ 이유/ 조건"의 접속사가 대부분이다. (~때에/ 동안에, ~때문에, ~면)
　　(Being sick), I was absent from school. (아팠기 **때문에**),

(ㅁ) **보이지 않는 전치사 in, on:** 정해진 명사 앞에 전치사가 생략되는 경우가 있다.
　　생략: 요일 앞의 on, last, next, this + "day, 요일, 달, 년"이면 in/on이 없다.
　　(Monday), we left (for New York). (월요일에)
　　last month, next day, this week 등

Exercise

정해진 구/절을 괄호로 하고, 밑줄 부분만을 해석해 보세요.

① I had him take the tablets.
② I helped him finish his work.
③ I saw him play the piano.
④ I do not think there is a flying tiger.
⑤ It was the time when we came home.
⑥ Everything he said was pure nonsense.
⑦ Questioned, William denied being a member of the gang.
⑧ Studying English hard, Andrew passed the test.
⑨ Paula was the only one I knew at the party.
⑩ I noticed that he spoke English with an Australian accent.
⑪ I met her last Sunday.

답:

① I had him (take the tablets).   그가 (그 알약들을 먹도록)
② I helped him (finish his work).   그가 (그의 일을 끝내도록)
③ I saw him (play the piano).   그가 (피아노를 친 것)을
④ I do not think (there is a flying tiger).   (나는 호랑이가 있다고)
⑤ It was the time (when we came home).   (우리가 집에 온) 그 시간
⑥ Everything (he said) was pure nonsense.   (그가 말한) 모든 것은
⑦ Questioned, William denied (being a member) (of the gang).
                                                   (질문을 받았을 때),
⑧ (Studying English hard), Andrew passed the test. (영어를 열심히 공부해서),
⑨ Paula was the only one (I knew) (at the party).
       (그 파티에서) (내가 아는) 단 한 사람
⑩ I noticed (that he spoke English (with an Australian accent)).
       (그가 (호주 악센트로) 영어를 말한다고)
⑪ I met her (last Sunday).   (지난 일요일에)

Tips

요점: 주로 (that ~)가 오는 동사의 모음: think 생각하다, believe 믿다, realize 알다, notice 주시하다, note, announce, argue, assume, certify, claim, conclude, confirm, declare, determine, discover, doubt, explain, expect, fear, forget, guess, hear, hint, hold, learn, observe, predict, pretend, propose, recall, regret, reason, relate, remember, request, say, see, show, suppose, state, suspect, teach

5.3. 구/절의 해석:
(1) 명사구/절, 형용사구/절의 해석

~ 명사구/절은 괄호를 1개의 명사로, 형용사구/절은 1개의 형용사로 해석한다.

> **3분 비법**

> **명사구/절:** 주어/목적어/보어의 각 구성에서 맨 처음의 괄호만 명사구/절이 된다.
> **형용사구/절:** 명사의 바로 뒤에 있다.

명사구/절, 형용사구/절, 부사구/절의 결정: ☞ p.132 ~ 138
구/절은 보통 문에서 쓰인 위치로 의미가 결정되므로, 문에서의 위치가 중요하다.

명사구/절 찾기: 맨 처음에 나오는 괄호만 명사구/절이다. ☞ p.24
각 구성에서 처음에 나오지 않는 괄호는 형용사구/절 또는 부사구/절이다.
to동사, 동사ing, that, wh~가 만드는 구/절은 명사구/절이 될 수 있다.
해석: "것/가/지, 다고/라고"를 붙이고, 괄호의 뒤는 조사를 붙인다. ☞ p.10

① I/ like (**to** sleep).   (**to** sleep)   (잠자는 **것**)을
② I/ like (sleep**ing**).   (sleep**ing**)   (잠자는 **것**)을
③ She/ knows (**that** I sleep).   (**that** I sleep)   (내가 잠자는 **것**)을
④ She thinks (**that** I am sleeping). (**that** I am sleeping)   (내가 잠자고 있**다고**)
⑤ He/ knows (**who** sleeps).   (**who** sleeps)   (누가 잠자는 **가**)를

형용사구/절 찾기: 각 "구성"에서 **처음**에 나오지 않은 괄호는 모두 수식어이다.
괄호 앞이 명사이면, 괄호는 형용사구/절로 수식어가 된다. 예외 ☞ p.58
to동사, 동사ing, that, wh~, 접속사가 만드는 구/절이다.
해석: 형용사구/절은 "ㄴ/ㄹ/의"를 붙인다.

① The pig (**to** be sold)/ is mine.   (팔리게 될) 그 돼지는/ 이다 + 나의 것
  (to be sold)는 주어에서 처음에 나온 괄호 (첫 괄호)가 아니므로 수식어이다.

② the man (runn**ing**) (on the street)   (달리**는**) 그 남자

③ the animal (kill**ed**) (by a car)   (죽음을 당**한**) 그 동물
④ the bike (being repair**ed**) (by my dad) now (고쳐**지고 있는**) 그 자전거
⑤ the animal (**that** will be killed)   (죽게 **될**) 그 동물
⑥ the animal (**wh**ich will be killed)   (죽게 **될**) 그 동물
⑦ the computer (**in** my room)   (내 방에 있**는**) 그 컴퓨터
⑧ one (**of** my books)   (내 책들 중**의**) 하나

Exercise

명사구/절, 형용사구/절을 찾아 괄호로 표시하고 해석을 해 보세요.
Hint: 문의 각 구성에서 처음에 나오는 괄호만 명사구/절로 "첫 괄호"가 된다. ☞ p.10

① Playing soccer is one of my hobbies.
② He likes to watch TV.
③ This is what I wanted.
④ I think that he looks like a politician.
⑤ I do not know what you are thinking about.
⑥ What I ate yesterday was the apple that my father had bought last week.
⑦ You will also learn how congressional power has evolved.

답:
① (Play**ing** soccer)/ is one (**of** my hobbies). (축구를 하는 것)은, (내 취미들 중의)
② He/ likes (**to** watch TV). (TV를 보는 것)을
③ This/ is (**wh**at I wanted). (내가 원한 것)
④ I/ think (**that** he looks (like a politician)). (그가 (정치가처럼) 보인다고)
⑤ I/ do not know (**wh**at you are thinking about). (네가 생각하고 있는 것)
⑥ (**Wh**at I ate yesterday)/ was the apple (**that** my father had bought last week).
   (내가 어제 먹은 것)/   (나의 아버지가 지난주에 샀던)
⑦ You will also learn (**how** congressional power has evolved).
                      (어떻게 국회의 power가 발전했는지)를

Tips

주의: ~ed (과거분사)는 항상 구/절이 되는 것이 아니다. ☞ p.48, 135, 159

- 동사ed (과거분사)는 바로 앞의 명사를 수식할 때는 구/절로 주로 수동의 의미다. (killed)
  I know the man (**killed**) (by a drunk driver).   (죽음을 **당한**)
  주의: 구/절이 되는 (being + 동사ed)의 해석은 being이 있으나 없으나 차이가 없다.
  그러나 being이 있으면 문맥에 따라 "진행과 수동"이 겹친 의미로 해석될 수 있다.
  the <u>man</u> (**being bitten**) (by a dog) <u>now</u> 지금 (한 마리 개에 의해) (물리**고 있는**) 그 <u>사람</u>

- 동사ed (과거분사)는 조동사와 같이 쓸 때는 구/절이 아니다. was killed, was eaten
  I/ know (that he **was killed** that day.)   죽음을 **당했다**

- 동사의 과거 (동사ed : ~ㅆ다)는 구/절이 아니다.   killed
  He **killed** his enemy.   죽**였**다

(2) 부사구/절의 해석

~ 괄호 전체를 1개의 부사로 해석한다.

가) 부사구/절의 해석 1: 문의 끝에 온 경우

~ "to, ing, that, 전치사"는 부사구/절을 만든다.

3분 비법

> **부사구/절의 위치:** 문의 끝에 위치한다.
> **해석:** "ㅔ/ㅣ, 에/에서", "~여/서, 러"로 해석한다.

부사구/절: 주로 **문의 끝**에 있다. ☞ p.132 ~ 138
to동사, 동사ing, 동사ed, that, wh~, 접속사, 전치사가 만드는 구/절이다.
앞의 동사를 수식한다. ① ~ ④
바로 앞에 형용사가 있으면, 형용사를 수식한다. ⑤ ~ ⑨

① I went there (to study English).   나는/ 갔다 그곳에 (영어를 공부하**러**)
② I live (in Seoul).   나는 / 산다 (서울에/**에서**)
③ (When I was young), I used to go fishing.   (내가 어렸을 때**에**)
④ (Making pizza), I was thinking about my kids.   (피자를 만들 때**에**)
⑤ I am pleased (to meet you).   나는/ 기쁘다 (너를 만나**서**)
⑥ I was fortunate (marrying this girl).   나는/ 운이 좋다 (이 여자와 결혼하여**서**)
⑦ I am pleased (that you passed the test).   (네가 그 시험에 통과해**서**)
⑧ I am interested (in listening (to music)).   (음악을 듣는 것**에**)
⑨ I think (I am capable (of doing this work)).   (이 일을 하는 것**에**)

예외 1: 괄호가 문의 끝에 있어도 바로 앞이 명사이면 형용사구/절이 될 수 있다.

① He met the man (whom I knew).   그 남자를 (내가 아**는**)
② I found the book (to buy).   그 책 (**살**)
③ I met the man (drinking Coke).   그 남자를 (콜라를 마시**는**)

예외 2: 괄호가 문의 끝에 있어도 명사구/절이 될 수 있다.
괄호가 문의 끝에 있지만, 목적어 또는 보어인 경우가 있다.

① I know (what happened).   나는/ 안다 + (무엇이 일어났는지)를
② I think (that the animal is sick).   나는/ 생각한다 + (그 동물이 아프다고)

Exercise

괄호를 해석해 보세요.

① He studied (**at** his home).
② I <u>spent</u> 10 dollars (drink**ing** coffee).
③ He <u>turned</u> on the light so (**that** I could read it).
④ I was <u>surprised</u> (**to** meet her).
⑤ I am <u>busy</u> (discuss**ing** the matter (**with** them)).
⑥ I am <u>surprised</u> (**that** he has a car).
⑦ We/ spoke (**with** him) (**on** (eat**ing** dog meat)).
⑧ We/ spoke (**with** him) (**on** (**wh**at we should do)).
⑨ He talked (**about** (**wh**at he wanted (**to** achieve))).

답:
① (그의 집**에서**)
② (커피를 마시는**데**)
③ (내가 그것을 읽을 수 있**도록**)
④ (그녀를 만나**서**)
⑤ ((그**와**) 그 문제를 토의하기**에**)
⑥ (그가 차를 가지고 있어**서**)
⑦ (그**와**), (에 **대하여** (개고기를 먹는 **것**))
⑧ (그**와**), (에 **대하여** (우리가 무엇을 해야 하는**지**))
⑨ ((그가 (성취하기를) 원한 **것**)에 **대하여**)

Tips

문법: 전치사 찾기 ~ 전치사 뒤에는 항상 명사 또는 명사구/절이 온다.

"에/에서": in 에,　　at 에,　　　to 에, 로,　　　on 에, 대하여,　inside 안에,
outside 밖에,　　out 밖에,　　near 가까이에,　after 후에,　　before 전에,
behind 뒤에,　　above 위에,　over 위에,　　　up 위에,　　　below 아래에,
under 아래에,　during 동안에

"여": about 대하여, by 의하여, through 통하여, for 위하여, 동안에, 대하여

기타: from 부터,　　into 로,　　with 와, 과, 로

나) 부사구/절의 해석 2: 접속사가 있거나, 안 보이는 경우

3분 비법

> (ㄱ) **접속사**: 항상 구/절이 되어 괄호로 한다.
> (ㄴ) **쉼표와 같이 있는 "동사ing, 동사ed"**: 구/절로 접속사를 넣어 해석한다.

(ㄱ) **접속사가 있는 부사구/절**: 주로 <u>문의 처음/ 끝</u>에 있다. ① ~ ④. ☞ p.132 ~ 138
해석: 보통 "~에/에서, ~여/서"가 붙는다.

① (**As** he watched TV), I/ played soccer.　　　　(그가 TV를 볼 때**에**),
② We/ stopped (talking) (**before** he saw us).　　(그가 우리를 보기 전**에**)
③ (**Before** he saw me), I/ saw him.　　　　　　 (그가 나를 보기 전**에**),
④ He/ passed the test (**because** he studied hard).　(그는 열심히 공부하**여**)

(ㄴ) **접속사가 안 보이는 부사구/절**: ☞ p.168
　　 찾는 법: "동사ing, 동사ed"는 괄호가 되며 보통 쉼표와 함께 있다.
　　 해석: **쉼표와 있는** "동사ing, 동사ed"는 접속사가 없어도 넣어서 해석한다.
　　 주로 "때, 이유"의 접속사가 쓰인다. (~에/ ~자마자/ ~서, 때문에/ ~서/ ~여)
　　 주의: "동사ing, 동사ed"는 앞에 접속사나 주어가 있는 경우도 있다. 예 ①, ②

① (While he watch**ing** TV), I/ played soccer.　　(그가 TV를 보는 동안**에**),
② (He enter**ing** the room), we/ stopped (talking). (그가 방에 들어왔을 **때**),
③ (Peter watch**ing** TV), I ate breakfast.　　　　(Peter가 TV를 보는 동안**에**),
④ (Be**ing** sick), Charles could not go to school.　(아팠기 **때문에**),
⑤ (**Caught** by a speed camera), I was angry.　　(스피드 카메라에 잡혀**서**),

Tips

문법: **부사구/절과 형용사구/절의 구분**:

부사구/절은 동사/ 형용사를 수식한다. ①, ② 형용사구/절은 명사를 수식한다. ③, ④

① I am so <u>happy</u> (**to** see you again).　　(너를 다시 만나서) <u>기쁘다</u>

② I <u>drank</u> milk (**at** 11 o'clock).　　　　(11시에) <u>마셨다</u>

③ I met the <u>man</u> (**in** the red shirt).　　(그 빨간 셔츠를 입은) <u>그 사람</u>

④ the <u>man</u> (**who** wants to buy it)　　　(그것을 사는 것)을 원하는) <u>그 사람</u>

Exercise

괄호를 해석 해 보세요. 또 괄호를 하게 된 표현을 적어 보세요.

Hint: 쉼표가 있는 동사ing, 동사ed의 해석에 주의한다.

① (Since he was poor), he could not buy a car.
② He entered the university (because he studied so hard).
③ (Studying English hard), my brother got a good job.
④ (It stopping raining), we will leave.
⑤ (My dad calling me), I saw his car.
⑥ (Serving as president), Abraham fought to reunite a nation.
⑦ (After graduating (from high school)), he attended Dartmouth Collage.
⑧ (Disliking collage life), he left school.
⑨ (Entering the room), I saw her.
⑩ (Being married), I have to spend some time (with my family).

답:
① (그는 가난하여서), since   ② (그는 아주 열심히 공부했기 때문에), because
③ (영어를 열심히 공부하였기 때문에), studying ④ (비가 내리는 것이 그치면), stopping ⑤ (나의 아빠가 나에게 전화했을 때에), calling
⑥ (대통령으로 봉사했기 때문에), serving
⑦ (고등학교를 졸업한 후), graduating ⑧ (대학생활을 좋아하지 않아서), disliking
⑨ (그 방에 들어갈 때), entering   ⑩ (결혼하였기 때문에), Being

Tips

문법: 접속사 찾기
~에: when 때에,   where 곳에,   before 전에,   after 후에,
     while 동안에, 반면에, because 때문에, as 때에, 때문에, since 때문에, 부터
기타: if ~면,   once ~면,   than ~보다

주의: 같은 의미로 쓰이는 접속사
though = although = even though = even if ~라도, as though = as if, like ~처럼
immediately ~자 마자, every time (whenever) ~때마다, now that ~니까

접속사 같지 않은 접속사: 보통 time, that, as가 들어 있다.
(ㄱ) the first <u>time</u>, the last time
(ㄴ) on the ground(s) <u>that</u>, because of the fact that, due to the fact that, in view of the fact that, on account of the fact that, owing to the fact that,
     provided that, providing that, in the event that, on condition (that), except that
(ㄷ) as long <u>as</u> ~, so long as ~, in case, only if

5.4. 구/절의 주어
(1) 구/절의 주어 찾기 1

> 3분 비법

> (ㄱ) to동사의 주어: **for, of, 목적격**으로 표시한다.
> (ㄴ) 동사ing의 주어: **소유격, 목적격**으로 표시한다.

구/절 (괄호)의 주어가 괄호의 앞에 있는 경우: 해석에 주의한다.

(ㄱ) **(to ~)**의 주어 표시:

- 보통 <u>for</u>로 표현된다.
① He wants **(for me)** (to read the book). (내가) (그 책을 읽는 것)을
② It took five hours **(for me)** (to climb it). (내가) (그것을 오르는 것)은

- 성격을 나타내는 형용사 뒤는 <u>of</u>로 표현된다. 예: kind, nice, generous ...)
① It's kind **(of you)** (to say so). (네가) (그렇게 말하다니)
② It's nice **(of you)** (to lend me money). (네가) (나에게 돈을 빌려주다니)

- 특정 동사 뒤는 <u>목적격</u>으로 표현된다.
특정 동사: advise, 요청하다 ask, like, need, help, tell, teach, require, want, forbid 금지하다, expect 기대하다, remind 생각하게 하다, force 시키다 등.
① He wants <u>me</u> (to read the book). 내가 (그 책을 읽는 것)을
② My father likes <u>Sam</u> (to learn Japanese). **Sam이** (일본어를 배우는 것)을

(ㄴ) **(동사ing)**의 주어 표시:

- 보통 <u>소유격</u>으로 표현된다.
① He wants **my** (watching TV). 내가 (TV를 보는 것)을
② Mary's (loving pretty faces)/ makes her daughter like plastic surgery.
   Mary가 (예쁜 얼굴들을 좋아하는 것)은/

- 드물게 <u>목적격</u>으로 표현된다. (informal)
   몇 개의 특정 동사 뒤에서는 항상 목적격을 쓴다.
   특정 동사: want 원하다, find 발견하다, discover, catch, leave 등
① He wants **me** (watching TV). 내가 (TV를 보는 것)을
② I found **him** (sleeping). 그가 (잠자는 것)을

Exercise

밑줄 친 부분을 해석해 보세요.

Hint: want는 뒤에 to동사가 올 때 to동사의 주어로 2가지 표현이 가능하다. ⑦, ⑧

① I asked him (to study hard).
② I do not understand her not ((wanting (to visit me)).
③ He complained (about (my visiting her)).
④ He complained (about (me visiting her)).(대화체)
⑤ He complained (about (Sam's visiting her)).
⑥ He complained (about (Sam visiting her)). (대화체)
⑦ He wants (for us) (to study German),
⑧ I want him (to meet me) as soon (as possible).
⑨ It is dangerous (for us) (to go out alone) (in this city).
⑩ It is nice (of him) (to read me the book).
⑪ I am glad (for my son) (to marry her).

답:
① 그가 (열심히 공부하는 것)을 ② 그녀가 ((나를 방문하는 것을) 원하지 않는 것))을
③ 내가 ((그녀를 방문하는 것)에 대하여)) ④ 내가 ((그녀를 방문하는 것)에 대하여))
⑤ Sam이 ((그녀를 방문하는 것)에 대하여))
⑥ Sam이 ((그녀를 방문하는 것)에 대하여)) ⑦ (우리가) (독일어를 배우는 것)을
⑧ 그가 (나를 만나는 것)을   ⑨ (우리가) (이 도시에서) (혼자서 나가는 것)이
⑩ (그가) (나에게 그 책을 읽어 주어서) ⑪ (나의 아들이) (그녀와 결혼하여서)

Tips

문법: 주격, 목적격, 소유격이란?

영어는 주어에 사용하는 명사는 주격, 목적어에 사용하는 명사는 목적격이라고 한다.
- 주격과 목적격: 영어는 주격이나 목적격이나 특별한 표시가 없이 똑같다.
  예 ~ 주격: Mark, my mom 목적격: Mark, my mom
- 소유격: 보통 "Mark's = 마크의"처럼 ~'s를 붙여 구분한다.
- 보어: 보어는 보격이 있지 않고, 주격을 같이 사용한다.

예외로 다음 단어는 "주격, 목적격, 소유격"에 다른 단어가 쓰인다.

주격	소유격	목적격	
I 나는	my 나의	me 나를	추가 자료 p.182
who 누가	whose 누구의	whom 누구를	추가 자료 p.182
① I like	him.		I 주격, him 목적격
② Who gives	her money. 누가/주니 + 그녀에게 + 돈을		who 주격, her 목적격

(2) 구/절의 주어 찾기 2 ~ 찾기 힘든 경우

> **3분 비법**
>
> 문의 기본 동사를 보면 to가 생략되는 것이 보인다.
> 절의 주어가 없는 경우가 있다.

구/절 (괄호)의 주어를 찾기가 힘든 경우:
(to 동사)에서 to가 없으면, 괄호를 찾기가 힘들다.
이럴 때는 다음과 같은 "기본 동사"를 보면 "to"가 없는 것을 알 수 있다.

- **"감각동사"의 뒤**

    "감각동사"인 "보다 see, watch, 듣다 hear, 냄새를 맡다 smell ..."의 뒤는 to가 없거나, 동사ing가 온다. ☞ p.39 box

    "기본 동사" + 목적격 + (동사)　　　해석: (~ㄴ 것)
    "기본 동사" + 목적격 + (동사ing)　　해석: (~는 것)

    ① I heard him (sing).　　　나는/ 들었다 + 그가 (노래**한** 것)을
    ② I heard him (sing**ing**).　나는/ 들었다 + 그가 (노래하**는** 것)을

- **"시키다" 동사의 뒤**

    "시키다"의 의미의 동사 (have, make, let) 뒤에 오는 괄호는 to가 없다.

    "기본 동사" + 목적격 + (동사)　　　해석: 동사 + ~가 + (~도록)

    ① We had her (sing).　　　우리는/ 시켰다 + 그녀가 (노래하도록)
    ② We made her (sing).　　우리는/ 시켰다 + 그녀가 (노래하도록)
    ③ We let her (sing).　　　우리는/ 해주다 + 그녀가 (노래하도록)

    비교: get은 "시키다"의 의미라도 항상 to가 있다.
    We got her (to sing).　　우리는/ 시켰다 + 그녀가 (노래하도록)

- **help 동사의 뒤**

    help의 뒤에 오는 (to 동사)는 to가 있거나 생략될 수 있다.

    help + 목적어 + (to 동사)　해석: 돕다 + ~가 + (~도록)
    help + 목적어 + (동사)　　 해석: 돕다 + ~가 + (~도록)

    ① We helped her (to sing).　우리는/ 도왔다 + 그녀가 (노래하도록)
    ② We helped her (sing).　　우리는/ 도왔다 + 그녀가 (노래하도록)

절의 주어가 없는 경우: 절인 (After riding around)에는 주어가 없다. ☞ p.60, 168
(After riding around) (with Tom), Peter wanted to walk. (타고 돌아다닌 후에)

Exercise

"기본 동사"와 괄호의 주어에 주의하여 해석해 보세요.

① I saw her (read the book).
② I saw him (reading the book).
③ I watched Mark (take a picture).
④ My mom heard him (play the guitar).
⑤ I felt her (touch my face) with her fingers.
⑥ I had her (play the piano).
⑦ Her mother made her (play the piano).
⑧ I let her (play the piano).
⑨ He got my daughter (to play the piano).
⑩ I helped her (play the piano).

답:
① 나는   그녀가 (그 책을+ 읽은 것)을   보았다.
② 나는   그가 (책을 읽는 것)을   보았다.
③ 나는   Mark가 (사진을 찍은 것)을   보았다.
④ 나의 엄마는 그가 (기타를 친 것)을   들었다.
⑤ 나는   그녀가 (나의 얼굴을 터치한 것)을 느꼈다.
⑥ 나는   그녀가 (피아노를 치도록)   만들었다.
⑦ 그녀의 어머니는 그녀가 (피아노를 치도록)   만들었다.
⑧ 나는   그녀가 (피아노를 치도록)   해 주었다.
⑨ 그는   나의 딸이 (피아노를 치도록)   시켰다.
⑩ 나는   그녀가 (피아노를 치도록)   도왔다.

Tips

질문: 구/절 (괄호)의 주어가 보이지 않는 경우는 어디에 주어가 있나?

괄호의 주어: 괄호의 주어는 문의 주어와 같거나, 일반적인 주어로 보통 생략된다.

(ㄱ) 괄호의 주어가 문의 주어와 같은 경우:
① I/ like (to go (to school)).   나는/ 좋아해 + ((학교에) 가는 것)을
② I/ like (going (to school)).   나는/ 좋아해 + ((학교에) 가는 것)을

(ㄴ) 일반적인 주어:
① (To study English)/ is interesting.   (영어를 공부하는 것)은/ ~다 + 재미있
② (Studying English)/ is interesting.   (영어를 공부하는 것)은/ ~다 + 재미있

이 지구상에는 2,700개 정도의 언어가 있는데, 영어나 한글도 그 중 하나이다.

D. 시제 (현재, 과거, 미래), 진행, 완료의 해석

1. 현재, 과거, 미래를 구분하고, 해석하는 법

> **3분 비법**

시제를 결정하는 법: 동사/ 조동사를 보고 결정한다.				
시제의 3가지: "현재/ 과거/ 미래"로 나눌 수 있다.				
	영어	한글	(예)영어	한글
(ㄱ) 현재:	동사/ 동사(e)s	ㄴ다	work, works	일한다
(ㄴ) 과거:	동사ed	ㅆ다	worked	일했다
(ㄷ) 미래:	will + 동사	ㄹ거	will work	일할 거다
	would +동사	ㄹ거	would work	일할 거다

시제의 결정 및 해석

시제는 주로 동사나 조동사를 보고 결정한다.
영어의 현재, 과거, 미래는 한글로는 정해진 표현을 붙인다.

(ㄱ) 현재는 동사에 "~ed"나 "will"이 <u>없다</u>: "ㄴ다"로 해석

① I **work** seven hours a day. 나는/ 일**한다** 하루에 7시간

② He **works** seven hours a day. 그는/ 일**한다** 하루에 7시간

(ㄴ) 과거는 동사에 "~ed"가 있다: "ㅆ"으로 해석
  He work**ed** seven hours a day. 그는/ 일**했다** 하루에 7시간

(ㄷ) 미래는 동사 앞에 조동사가 있다: "ㄹ거"로 해석 ☞ p.75 box
  will (would) ~ ㄹ거, be going to ~ ㄹ거, be about to ~ 곧 ㄹ거

① He **will** work (at the restaurant) (from tomorrow). 일**할 거**다

② I **thought** (that he **would** work) (from tomorrow). 괄호 속이 미래이다
  나는/ 생각했다 (그가 일**할 거**라고) (내일부터)

③ He **is going to** meet the woman he loves tomorrow.
  그는/ 만**날 거**다 + 그 여자를 (그가 사랑하는) 내일

④ He **was going to** meet the woman he loved the next day.
  그는/ 만**날 것이었다** + 그 여자를 (그가 사랑하는) 그 다음 날에

Exercise

문의 기본 동사를 찾아 밑줄을 하고 조동사와 같이 해석해 보세요.

① Mr. Smith lives in New York.
② Fifty-two weeks makes one year.
③ Jason passes the ball to Mark.
④ When I have finished my homework, I will go out for a walk.
⑤ The Korean War broke out in 1950.
⑥ John F. Kennedy was assassinated in 1963.
⑦ Go outside and gather small flowers, leaves, pebbles, twigs, and other small objects and foliage. Clean them off and then glue them onto the paper.

답:
① Mr. Smith/ <u>lives</u> (in New York).   산다
② Fifty-two weeks/ <u>makes</u> one year.   만든다
③ Jason/ <u>passes</u> the ball (to Mark).   패스한다
④ (When I have finished my homework), I/ will <u>go</u> out (for a walk). 갈거다
⑤ The Korean War/ <u>broke</u> out (in 1950).   일어났다
⑥ John F. Kennedy/ was <u>assassinated</u> (in 1963).   암살당했다
⑦ <u>Go</u> outside and <u>gather</u> small flowers, leaves, pebbles, twigs, and other small objects and foliage. <u>Clean</u> them off and then <u>glue</u> them (onto the paper).
　　　　　　　　　　　　　　　　　가라, 모아라, 깨끗하게 해라, 붙여라

Tips

요점: 조동사의 현재형과 과거형의 차이 ☞ p.78

조동사도 현재와 과거형이 있다. 이때 조동사의 현재는 현재에서 보는 미래를 표현하며 조동사의 과거는 과거에서 보는 미래를 표현한다.
주의: 조동사의 현재나 과거는 한글로는 해석이 같을 수 있다.
주의: 조동사의 과거는 현재와는 전혀 다른 의미를 가진 경우들이 있다.

조동사의 현재	조동사의 과거	한글의 해석
will	would	ㄹ거, 겠
can	could	~수 있다.
may	might	~도 된다, ㄹ거
must	X	~야 한다, ㄹ거
am/are going to	was/were going to	ㄹ거
X	used to	~곤 했다

2. 진행: be + 동사ing

3분 비법

진행의 3가지:	영어	한글
(ㄱ) 현재진행	be (am, are, is) + 동사ing	~고 있다/ 중이다
(ㄴ) 과거진행	be (was, were) + 동사ing	~고 있었다/ 중이었다
(ㄷ) 미래진행	will (would) + be + 동사ing	~고 있을거다/ 중일 거다

영어의 진행은 "be + 동사ing"로 표현하며, 3가지로 나뉜다.

(ㄱ) 현재진행: "am, are, is" + 동사ing   해석: ~고 있다/ 중이다
① I **am** study**ing** English now.   나는 지금 영어를 공부하**고 있다**.
② He **is** play**ing** cards now.   그는 지금 카드를 하**고 있다**.
③ They **are** watch**ing** TV now.   그들은 지금 TV를 보고 **있다**.

(ㄴ) 과거진행: "was, were" + 동사ing   해석: ~고 있었다/ 중이었다
① I **was** study**ing** English then.   나는 그때 영어를 공부하**고 있었다**.
② He **was** play**ing** cards then.   그는 그때 카드를 하**고 있었다**.
③ They **were** watch**ing** TV then.   그들은 그때 TV를 보고 **있었다**.

(ㄷ) 미래진행: "will be" + 동사ing   해석: ~고 있을 거다/ 중일 거다
① I **will be** study**ing** (when he comes home). 나는 공부하**고 있을 거다**.
② I thought I **would be** study**ing**. 나는/ 생각했다 + (내가 공부하고 있을 거라고)

주의할 해석:
"be + 동사ing", 현재가 미래의 표현 (tomorrow ~)과 쓰일 때 해석에 주의한다.
① We **are leaving** for New York <u>tomorrow</u>.   내일 떠날 거다
② The plane **leaves** for Seoul at seven <u>tomorrow</u>. 내일 <u>떠난다</u>

Tips

문법: 주의 할 진행의 표현

"be + being + 형용사"의 진행은 특별한 의미가 있다.
즉, 잠깐 어떠한 상태에 있는 것을 표현한다. 그러므로 해석에 "잠깐"을 넣어 해석한다.
He is being nice. 그는 잠깐 친절하게 굴고 있어.
She is being rude. 그녀는 잠깐 무례하게 굴고 있어.

Exercise

밑줄 친 부분을 해석해 보세요.

Hint: "be going to동사"는 진행의 표현이 아니다. ☞ p.80
be going (to 명사)는 진행의 표현이다. (~에) 가고 있다.

① How <u>is</u> everything <u>going</u>?
② What <u>were</u> you <u>doing</u> (at 8 o'clock) (last night)?
③ What <u>will</u> you <u>be doing</u> (at 8 o'clock) tomorrow?
④ (When you<u>'re getting on better </u>(at home)), you feel happier (at school).
⑤ How long <u>have</u> you <u>been studying</u> English (<u>since you came here</u>)?
⑥ <u>Are</u> you <u>going to meet</u> her tonight?
⑦ (To whom) <u>are</u> you <u>going to talk</u>?
⑧ (With whom) <u>are</u> you <u>going to go</u> there?
⑨ I <u>am going to have to change</u> my accent.

답:
① 되 가고 있니?
② 하고 있었니?
③ 하고 있을 거니?
④ 더 잘 하고 있다   be getting on (잘) 하고 있다
⑤ 공부해오고 있는 중이니?
⑥ 만날 거니?
⑦ 말할 거니?
⑧ 갈 거니?
⑨ 바꾸어야 할 거야.

Mistakes

영어	틀리는 해석	맞는 해석
(With whom) <u>are</u> you <u>going to talk</u>?	너는 누구에게 말하며 가니?	너는 (누구와) 말할 거니?
How long <u>have</u> you <u>been studying</u> English?	너는 얼마동안 영어를 공부 했었니?	너는 얼마동안 영어를 공부해 오고 있니?

3. 완료: have + 동사ed

> **3분 비법**

완료	해석: 3가지 중 1가지의 의미로 해석한다.
■ 현재완료: have +동사ed: ~ ㅆ, ~적이 있다, 동안 (부터) ~오고 있다.
■ 과거완료: had +동사ed: ~ ㅆㅆ, ~적이 있었다, 동안 (부터) ~오고 있었다.
■ 미래완료: will have + 동사ed: "완료 + ㄹ거"로 해석한다.

완료의 해석:
완료는 다음 3 가지 의미 중 하나로 해석한다. 보통 같이 쓰이는 표현이 있다.
(ㄱ) "ㅆ":   시간 표현인 "recently 최근에, just 방금" 등
(ㄴ) "~적이 있다":   once 한번, twice 두 번, never, before 등
(ㄷ) "~ 동안 (부터) ~오고 있다": "since 부터, for 동안" 등 "기간"의 표현

- **현재완료의 예:**
① I **have** just **done** my homework.   끝냈다
    비교: I **did** my homework.   끝냈다

② I **have seen** this before.   본 **적이 있다**
    비교: I **saw** this before.   보았다

③ I **have stayed** (in Seoul) (**for** three days).   머물러 **오고 있다**

④ I **have stayed** (in Seoul) (**since** 1999).   머물러 **오고 있다**
    비교: I stay**ed** (in Seoul) (**for** three days). 머물**렀**다

- **과거완료의 예:**
① I **had done** my homework (when I met you). 끝냈었다
② I **had seen** it before.   본 적이 있었다
③ I **had stayed** (in Seoul) (for three years). 머물러 오고 있었다

- **미래완료의 예:**
미래완료는 미래와 완료를 합한 한글을 붙인다.
The work **will have been finished** (by 2,015). 끝나게 **되었을 거**다.
그 일은 (2015 년까지는) 끝나게 **되었을 거**다.
(이 예는 "will", "have + been", "be + finished"가 합해진 표현이다.)

Exercise

블록 체에 유의하여 비슷한 문들을 해석 해 보세요.

① My dog **has just died**.
② My dog **died**.
③ He **has gone**.
④ He **went to Seoul**.
⑤ I have seen it recently.
⑥ I have seen it once.
⑦ I have taken care of it since 1979.
⑧ I saw it yesterday.

답:
① My dog **has just died**.   나의 개는 방금 죽**었**다.
② My dog **died**.   나의 개는 죽**었**다.
③ He **has gone**.   그는 **갔**다.
④ He **went (to Seoul)**.   그는 (서울에) **갔**다.
⑤ I have seen it recently.   나는 최근에 그것을 보았다.
⑥ I have seen it once.   나는 한번 본 적이 있다.
⑦ I have taken care of it (since 1979). 나는 (1979년부터) 돌봐오고 있다.
⑧ I saw it yesterday.   나는 어제 그것을 보았다.

Tips

문법: 과거와 쓸 수 없는 표현

since는 의미상 과거시제와 쓸 수 없다.
영어의 since (부터)는 의미적으로 어떤 순간까지 "계속"되는 의미와 쓰여야 하므로, 완료와 쓰이며, 과거 표현과는 쓸 수 없다. 현재완료는 현재까지 계속되는 의미가 있다.
① I have lived in Seoul since 1999. 나는 1999년부터 서울에 살아오고 있다.
② I lived in Seoul since 1999.   X

질문: 두 문은 무슨 의미의 차이가 있나요?
① My dog **has died**.   나의 개는 죽**었**다.
② My dog **died**.   나의 개는 죽**었**다
　한글로는 두 문은 "ㅆ"으로 의미가 같게 보이나, 영어로는 조금 다른 의미가 있다.
　①은 "방금 죽었다"는 의미를 내포하고,
　②는 "오래 전에 죽었다"는 의미를 내포한다.

4. 주의해야 할 시제 해석

3분 비법

조동사, 완료, 진행, 수동태는 2가지 이상이 함께 쓰이는 경우가 있다.

(ㄱ) **must have + 동사ed/ should have + 동사ed/ would have + 동사ed**
다음 3가지 의미가 혼합된 의미이다.
- must/ should   ~야 한다
- would   ㄹ거   might   ㄹ거
- have + 동사ed   ㅆ

① I **must have done** it.   했어야 했다
② I **should have done** it.   했어야 했다
③ He **would have met** her.   만났을 거다
④ My dad **would have been** 90 years old, if he had lived. 이었을 거다
⑤ She **might have missed** the bus.   놓쳤을 거다

(ㄴ) **have been to 명사**: ~에 있은 적이 있다. (~에 갔다 왔다)
     have been + 동사ing: 동안/ 부터 ~ 오고 있다

① I **have been** there. 나는 그곳에 있은 적이 있다. (나는 그곳에 갔다 왔다)
② He **has been to** Tokyo once.
   그는 한번 도쿄에 있은 적이 있다. (그는 한번 도쿄에 갔다 왔다.)

③ I **have been thinking** (about it) (for a long time).
   그는/ 생각해오고 있다 (그것에 대하여) (오랫동안)

(ㄷ) **주의할 시제 1**: 미래 표현이 있으면 동사가 현재진행이라도 미래로 해석된다.
He **is leaving** tomorrow. 그는 내일 떠날 거야. O 그는 내일 떠나고 있다. X

(ㄹ) **주의할 시제 2**: always가 있는 진행 표현
The students **are always complaining** (about it).   항상 불평하고 있다

(ㅁ) **주의할 시제 3**: be + being +형용사 ~ "잠깐 동안 ~하다"의 의미이다.
① My wife **was being quiet** this morning.   조용한 상태에 있었다
② He **was being nice** (to me) (while we lived together). 잘해 주고 있었다
비교: She **was very kind** to me today.   아주 친절하였다

Exercise

밑줄 친 부분을 해석해 보세요.

① I/ <u>will be watching</u> the game (when you come).
② He/ <u>has been teaching</u> English (since 1979).
③ My brother/ <u>has been dating</u> her (for two years).
④ I/ <u>won't be</u> here tomorrow morning.
⑤ I/ <u>ate</u> breakfast (before he came back home).
⑥ (Before I leave), I <u>am going (to finish</u> my homework).
⑦ My sister/ <u>was always crying</u> (when my mom was not home).
⑧ He/ <u>has already finished</u> (cooking).
⑨ Students (in this class)/ <u>are being lazy</u> (this morning).
⑩ (When I <u>heard</u> a strange noise), I/ immediately made a phone call (to him).
⑪ You <u>should have bought</u> your house.

답:
① 보고 있을 거다   ② 가르쳐 오고 있다   ③ 데이트해 오고 있다
④ 있지 않을 거다   ⑤ 먹었다   ⑥ 끝낼 거야
⑦ 항상 울고 있었다 ⑧ 벌써 끝냈다   ⑨ 잠깐 게으름을 피우고 있다
⑩ 들었다   ⑪ 샀어야 했다

Mistakes

영어	틀리는 해석	맞는 해석
I am going (to finish my homework)	나는 나의 숙제를 끝내러 갈 거다.	나는 나의 숙제를 끝낼 거다.

Tips

요점: 미래를 나타내는 다양한 표현

미래의 표현은 조동사 will, be going to를 주로 사용하나, 다음 표현들도 미래를 표현한다.
① She was **on the verge of** bursting into tears. 그녀는/ 곧 눈물을 터뜨릴 지경이었다.
② I **am about to** leave.   나는 곧 떠날 거다.
③ They **are due to** leave here soon.   그들은/ 이곳을 곧 떠날 예정이다.
④ They **are to** be found all over the world.   그들은/ 전 세계에서 발견될 거다.

영어로 쓰인 글은 50개의 단어가 거의 45%를 차지한다. 그러므로 단어를 암기하는 것이 영어 공부라는 생각을 버려야 한다.

E. 조동사

1. 조동사의 해석 1 ~ 동사와 함께 해석한다.

3분 비법

> **조동사를 찾는 법:** 조동사는 **동사 앞**에 있다. ☞ p.189
> **조동사:** will (would),　　can (could),　　may (might),　　shall (should),
> 　　　　　must,　　　have to (had to), be going to,　　used to
> **해석의 방법:** 1 개의 조동사에 여러 의미가 있는 경우가 있다.

will (would): will (would)은 3 가지의 의미가 있다.

- ㄹ거: 미래
① He **will** understand me.　　　　　　　그는 나를 이해**할거다**.
② He thought (he **would** die soon).　　그는/ 생각했다 + (그가 곧 죽을 **거**라고)

- ㄹ거: 추측
① It **will** be Mr. Kim.　　　　　　　　그는 김 선생님 **일거다**.
② He **would** be 45 (when he was killed). 그는 45살이었**을 거**다 (~ 때에)

- 겠: 의지
① I **will** meet her right now.　　　　나는 지금 당장 그녀를 만나**겠**다.
② I decided I **would** meet her soon.　나는/ 결정했다 + (그녀를 곧 만나**겠**다고)

can (could):　　　　　　　　　　　　~수 있다: 가능
① I **can** do this.　　　　　　　　　나는 이것을 할 **수 있다**.
② I **could** do this.　　　　　　　　나는 이것을 할 **수 있었다**.

may:　　　　　　　　　　　　　　　~도 된다: 허락, ㄹ거: 추측
might:　　　　　　　　　　　　　　ㄹ거: 추측
① You **may** go home now.　　　　　너는 지금 집에 가**도 된다**.
② He **may** be right.　　　　　　　그가 아마 맞을 **거**다.
③ He **might** be home now.　　　　그는 아마 지금 집에 있**을 거**다.

must:　　　　　　　　　　　　　　~ㄹ거: 추측
① She said that he **might** be right.　그녀는 그가 맞을 **거**라고 말했다.
② She **must** be dead.　　　　　　　그녀는 틀림없이 죽었**을 거**야.

should/ must/ have to/ ought to　~야 한다: 의무, 명령
① You **should** go home right now.　너는 바로 집에 가**야한다**.
② You **must** go home right now.　　너는 바로 집에 가**야한다**.
③ You **have to** go home right now.　너는 바로 집에 가**야한다**.

Exercise

밑줄을 한 부분을 묶어 해석해 보세요.

① I/ <u>can swim</u>.
② I/ <u>could swim</u>.
③ You/ <u>must go</u> home now.
④ You/ <u>ought to do</u> it now.
⑤ You/ <u>should have done</u> it.
⑥ There are always some people (in the world) (whom one <u>can love</u>).
⑦ There <u>might be</u> five hundred apples (on the tree).
⑧ The report (Joe is writing) <u>must be finished</u> (by Friday).
⑨ A good wife/ <u>does not have to like</u> all the things (that her husband is interested in).
⑩ Physical defects/ are not something (<u>which we should laugh at</u>).
⑪ Miss Kim/ <u>will be</u> the Presidential Ambassador (to speak) (to a group) (of high school students) (on Wednesday).

답: ① 수영을 할 수 있다 ② 수영을 할 수 있었다 ③ 가야 한다.
　　④ 해야 한다   ⑤ 했어야 했다   ⑥ 사랑할 수 있다   ⑦ 일거다
　　⑧ 끝내져야 한다. ⑨ 좋아할 필요가 없다 ⑩ 조롱해야 하는 ⑪ 일거다

Tips

요점: 공손한 질문에 사용되는 would/could	해석: ~ 겠어요?
would, could는 질문에 사용하면 공손한 표현이 된다.	
① Would you answer my questions, please?	내 질문들에 답을 해주시겠어요?
② Could you answer my questions, please?	내 질문들에 답을 해주시겠어요?
요점: 허락이나 충고를 구할 때 사용하는 should	해석: ~야 하지?
What should I do now?	나는 지금 무엇을 해야 하지?
요점: 영어의 will (would)을 해석하는 방법: 영어의 will은 "미래/ 추측/ 의지"의 의미가 있고, 한글에서 "ㄹ거"는 "미래/ 추측", "겠"은 "의지"를 의미한다.	
① He will read it.	그는 그것을 읽을 거다.
② It will be me.	그 사람이 나일 거다.
주의: have to ~ "~야 한다"와 do not have to ~ "~ 필요가 없다"	
① You have to do this.	너는 이것을 해야 한다.
② You do not have to do this.	너는 이것을 할 필요가 없다.

2. 조동사의 해석 2: 조심해야 할 해석

> **3분 비법**
>
> 다음 3가지의 표현도 뒤에 동사가 오는 조동사이다.
> (ㄱ) be going to + 동사: ~ㄹ거   ~ 미래
> (ㄴ) be about to + 동사: 곧 ~ㄹ거   ~ 미래
> (ㄷ) used to + 동사: 곤 했다   ~ 과거의 습관

(ㄱ) "**be going to**" + 동사   ~ "ㄹ거" (미래)의 의미이다.
비교: "**be going**" + (to 명사)   ~ "가고 있다"는 진행의 의미이다.
① I **am going to** go there.   나는/ **갈 거다** 그곳에
② I **am going** (to Seoul) now.   나는/ **가고 있다** (서울에) 지금

(ㄴ) "**be about to**" + 동사   "곧 ~ㄹ거다"의 의미이다.
① He **is about to** pull the trigger.   그는/ 방아쇠를 **곧 당기려고 한다**.
② He **was about to** leave the platform. 그는/ 승강장을 **곧 떠나려고 하였다**.

(ㄷ) "**used to**" + 동사, "would"   "~곤 했다" (과거의 습관)의 의미이다.
     be used (to 명사)   (~에) 익숙해지다.
                                           이때 used는 형용사로 "익숙한"의 의미
비교: "be used"는 수동태로 "이용되다"의 의미로도 쓰인다.

① He **used to** go shopping (on Sundays).   "~곤 했다"
   그는/ 가**곤 했다** 쇼핑을 (일요일에)

② He **would** go shopping (on Sundays).   "~곤 했다"
   그는/ 가**곤 했다** 쇼핑을 (일요일에)

③ He **is used** (to the cold weather) now.   "익숙한"
   그는/ **익숙해 있다** (추운 날씨에) 지금

④ This tool **was used** (to make quality bread). "이용되다"
   이 도구는/ **이용되었다** (질 좋은 빵을 만들기 위하여)

(ㄹ) must/ should/ would + "have + 과거분사"의 해석 ☞ p.74

Exercise

문의 조동사와 "기본 동사"에 밑줄을 하고 조동사와 동사를 같이 해석해 보세요.

① I am going to meet him at 1 o'clock.
② It's going to snow.
③ I used to go fishing every Saturday.
④ I would go fishing every Saturday.
⑤ I am used to the hot weather in this country.
⑥ It is used to cut apples.

답:

① I **am going to** <u>meet</u> him at 1 o'clock.　　　　만날 거다
② It'**s going to** <u>snow</u>.　　　　　　　　　　　　눈이 올 거다
③ I **used to** <u>go</u> (fishing) (every Saturday).　　 가곤 했다
④ I **would** <u>go</u> (fishing) (every Saturday).　　　가곤 했다
⑤ I <u>am used (to</u> the hot weather) (in this country).　익숙하다
　 used 형용사 ~ 익숙한
⑥ It <u>is used</u> (to cut apples).　　　　　　　　　　사용된다
　 "be + used"는 수동태로 "사용되다"의 의미이다.

Tips

요점: 해석의 차이: ~used to 동사, be used to 명사, be used

① "used to" + 동사에서 "used to"는 조동사로 "~곤 했다"의 뜻
② "be used" + to명사에서 used는 형용사로 "익숙한"의 뜻
③ "be used"는 수동태로 "사용되다"의 뜻이 있다.

지구상에는 3억 5천만명 정도가 영어를 <u>모국어</u>로 쓰고 있고, 지구상에서 우편 등 통신에 사용하는 언어 중 4분의 3이 영어로 쓰여진다.

F. 수동태의 해석

1. 수동태 1: "be + 동사ed", "get + 동사ed"

3분 비법

> **수동태:** "be + 동사ed"/ "get + 동사ed"
> **해석:** "당하다/ 받다, 되/ 히/ 리/ 지/ 치다"의 한글 표현이 붙는다.

수동태는 "be/get + 동사ed (과거분사)"이다. 해석은 동사에 정해진 한글을 붙인다.

① He **was beaten** last week.   그는 지난주에 때림을 **당했다**. (맞았다)
② He **got beaten** last week.   그는 지난주에 때림을 **당했다**. (맞았다)

③ It/ **was stolen** (6 years ago).
  그것은/ 도둑질을 **당했다** (6년 전에)

④ The baby/ **was loved** a lot (by her parents).
  그 아기는/ 사랑을 **받았다** 많이 (그녀의 부모님들에 의해)

⑤ It/ **was explained** well.
  그것은/ 잘 설명**되**었다.

⑥ My son/ **was called** a genius.
  나의 아들은/ 불**리**었다 한명의 천재로

"get + 형용사(~ed)": ~ed가 붙어 단어지만 형용사는 수동태로 해석하지 않는다.

① get married   결혼하다 O   결혼당하다   X
② get hurt   다치다   O   다침을 당하다   X
③ get tired   피곤하다 O   피곤함을 당하다 X

"get + 형용사": get뒤에 형용사가 오면 "~기 시작하다"로 해석한다.
보통 get과 쓰이는 형용사가 있다: fat, old, old, late, sick, well, hot, busy 등
비교: **be + 형용사:** "~ 상태이다"의 의미이다.

① I **got** sleepy.   나는 졸리기 시작했다.
② I **was** sleepy.   나는 졸렸다. (잠이 온 상태였다.)
③ I am **get**ting sleepy.   나는 졸리기 시작하고 있다.
④ I am **get**ting hungry.   나는 배가 고파지기 시작하고 있다.
⑤ I **was** hungry.   나는 배가 고팠다. (배가 고픈 상태였다)

Exercise

블록 체를 해석해 보세요.

Hint: 동사의 과거분사가 쉼표와 같이 있으면, 동사는 "접속사 + 수동태"로 해석한다. ⑪ (Based on ~)
Do you think (wh~...)? 는 특별하게 Wh~ do you think ...로 사용한다. ⑫

① It/ **was invented** (in 1998) (in Korea).
② They/ **were killed** (by a drunk driver).
③ It/ **was eaten** (by the cat).
④ I/ **got worried**.
⑤ I/ am **getting old**.
⑥ I/ **got mad**.
⑦ I/ **will get angry**.
⑧ The woman's body **was found** in Seoul.
⑨ The computers/ **were fixed** well here.
⑩ This wall/ **was supported** (with three posts).
⑪ He **was told** that they were natives of a province called Deira.
⑫ (Based on ((what you learned) (in this chapter))), what do you think **would be required** (to finish your homework)?

답:
① 발명되었다
② 죽음을 당했다
③ 먹히었다
④ 염려했다
⑤ 늙어가기 시작하고 있다.
⑥ 화가 났다.
⑦ 화가 날거야
⑧ 발견되었다.
⑨ 고쳐졌다
⑩ 지탱되었다
⑪ 말을 들었다
⑫ 요청될 거라고

Mistakes

영어	틀리는 해석	맞는 해석
I **got drunk**.	나는 술 취함을 당했다.	나는 술 취했다.
I **got fat**.	나는 뚱뚱하다.	나는 뚱뚱해지기 시작했다.

2. 수동태 2: 특별 동사 ~ 수동태가 아니어도 수동 해석

3분 비법

수동태가 아니어도, 수동으로 해석되는 동사가 있다.
예: open 열리다, close 닫히다, break 부서지다

능동과 수동의 의미를 함께 가지고 있는 동사들:

영어는 수동태 (be + 과거분사)가 아니어도, 수동으로 해석되는 동사가 있다.
이러한 동사는 보통 능동과 수동의 2 가지 의미가 있다.

open	열다, 열리다	break/crash	부수다, 부서지다
start	시작하다, 시작되다	continue	계속하다, 계속되다
close	닫다, 닫히다	slow	늦추다, 느려지다
cook	요리하다, 요리되다	begin	시작하다, 시작되다
finish	끝내다, 끝나다	change	바꾸다, 바뀌다
stop	멈추다, 멈추어지다		

특별한 동사의 예:

open:

① The shops **open** (at 10 o'clock).   그 상점들은/ **열린다** (10시에)
② The shop **is opened** (by my son).   그 상점은 (내 아들에 의해) **열린다**
③ I opened the box.   나는/ 열었다 + 그 상자를

broke:

① It **broke**.   그것은 **부서졌다**.
② It **was broken**.   그것은 **부서졌다**.
③ I broke it.   내가/ 부셨다 + 그것을

Tips

주의: open은 동사와 형용사, 2가지로 쓰여 혼동된다.

① It is open.   그것은 열려있다. (open이 형용사)
② The door was opened by my sister.   그 문은 나의 여동생에 의해 열렸다.
③ We opened the box.   우리는 그 상자를 열었다.

Exercise

블록 체의 표현을 해석해 보세요.

Hint: "be동사 + 형용사(~ed)"는 수동이 아니다. ⑤, ⑥

① His car/ **crashed**.
② His car/ **was crashed**.
③ Our car/ **stopped** (in five minutes).
④ This class/ **will begin** (in a couple of minutes).
⑤ The hunting season/ **is finished**.　　　finished는 형용사
⑥ I/ **am finished** (with my homework) now.　　finished는 형용사
⑦ The disputes **were settled**.
⑧ The president **was gunned down** (by a killer) (hired) (by a rival politician).
⑨ Her locked car **was found** outside the store.
⑩ (**If she had been grabbed** (by him)), she would have been released (after the assault).
⑪ (**If she had been kidnapped**), someone would have demanded a ransom.

답:
① 부딪쳤다
② 부딪쳤다
③ 멈추었다
④ 시작될 거다
⑤ 끝났다
⑥ 끝냈다
⑦ 결말이 났다
⑧ 사살되었다
⑨ 발견되었다
⑩ 만약 그녀가 잡혔다면
⑪ 만약 그녀가 납치를 당했다면

Mistakes

영어	틀리는 해석	맞는 해석
The bank opens at 9.	그 은행은 9시에 연다.	그 은행은 9시에 열린다.
The bank is open.	그 은행은 연다.	그 은행은 열려 있다.

지구상에 있는 모든 컴퓨터에 저장된 자료의 80% 정도가 영어로 되어 있다. 그래서, 영어를 잘하는 것이 바로 경쟁력이다.

G. if~

~ if가 있으면 동사의 해석에 주의한다.

1. if가 있는 해석 1 ~ 영어와 한글의 시제 해석이 같은 경우

3분 비법

> **(if + 동사)의 시제와 한글의 시제 해석이 같은 경우:**
> ~일어날 가능성이 있는 일, 사실/진리인 경우, 과거에 일어난 일에서는 같다.
> ① (if the weather **is** warm), it is already spring.   (날씨가 따뜻**하면**),
> ② (if you **came**), we used to have dinner together. (네가 **왔다면**),

if의 해석:
If는 접속사로 항상 괄호에 들어가며, "~면"으로 해석한다.
주의: if가 있는 괄호는 **영어 시제가 한글과 같거나 다른 2가지 경우가 있다.**

(ㄱ) 괄호 (if ~) 내의 영어 동사의 시제가 **한글과 같이 해석되는 경우:**
  보통 문의 "기본 동사"에 "would + 동사" 또는
  "would have + 과거분사"가 **없다**. 그러나 will은 있을 수 있다.

- 내용이 과학/ 수학적 진리에 쓴다.
  (If water **boils**), the water temperature is close (to 100 degrees).
  (물이 **끓으면**), 그 물의 온도는 (100도에) 가깝다.

- 현실/미래에서 일어날 수 있다고 생각되는 일에 쓴다.
  (If Mark **finishes** his homework), he can go out (to meet Jane).
  (만약 Mark가 그의 숙제를 **끝내면**), 그는 (Jane을 만나러) 나갈 수 있다.

- 과거에 빈번히 일어난 일에 쓴다.
① (If he **visited** me), we used to **watch** TV together.
  (그가 나를 방문**했다면**), 우리는 TV를 같이 **보곤 했다**.

② (If her baby cried), she spent time (taking care of her.)
  (그녀의 아기가 울면), 그녀는 (그녀를 돌보는데) 시간을 썼다.

(ㄴ) 비교: if가 있는 괄호 안의 시제가 **한글과 다른 경우**: 가정법 ☞ p.92
  이때는 문의 "기본 동사"에 "would + 동사" 또는
  "would have + 과거분사"가 **있다**.
  if~ 괄호에 있는 be동사는 "were" 또는 "had been + 과거분사"만 쓴다.
  (If I **were** you), I would study hard.
  (내가 너**라면**) ~ O,   (내가 너**였다면**) ~ X

Exercise

밑줄 친 부분을 해석해 보세요.

① (If sun sets), the temperature/ goes down.
② (If sun sets), the temperature/ will go down.
③ (When you turn on the heater), the temperature/ will go up.
④ (When I say "no"), you should stop pouring water into my glass.
⑤ (If you know the measure of any two angles of a triangle), you/ can always find the measure (of the third).
⑥ (If Sidney has been writing a book all night), he/ will need some sleep.
⑦ The traditional Japanese dish/ is made (from liver and other parts) (of the puffer fish), (which are poisonous) (when raw).
(If the fish is not cooked properly), the poison/ remains (in the food) and can kill the eater.
⑧ Please return the enclosed absentee form, together (with a medical certificate) (if applicable), not later (than the day) (of the examination).

답:
① (해가 지면) ② (해가 지면) ③ (네가 그 히터를 틀면) ④ (내가 "no"라고 말하면)
⑤ (3각형의 어느 2각의 크기를 알면) ⑥ (Sidney가 밤새워 책을 써오고 있다면)
⑦ (그 물고기가 적절히 요리되지 않으면) ⑧ (적용된다면)

Mistakes

영어	틀리는 해석	맞는 해석
(If you will be a doctor),	(네가 의사일거라면),	(네가 의사가 되겠다면),
(if you were a doctor),	(네가 의사였다면),	(네가 의사라면),

Tips

요점: 가정법의 해석:

가정법에서 if에 있는 "과거 동사"는 한글로는 "현재"로 해석한다.
(If he **were** dead), I **would** not live alone.
① (그가 **죽는다면**), 나는 혼자 살지 못 **할 거다**.   O
② (그가 **죽었다면**), 나는 혼자 살지 못 **할 거다**.   X

2. if가 있는 해석 2 ~ 가정법: 영어와 한글의 시제 해석이 다른 경우

> **3분 비법**
>
> 가정법에서 **동사의 시제는 한글의 해석과 다르다.**
> ① (if you **were** here), ~. (네가 여기에 있으**면**)... O (네가 여기에 있었다면) ...X
> ② (If I **were** you), ~.   (내가 너라**면**)   ...O   (내가 너였다면) ... X

가정법을 찾는 법: 다음 (ㄱ), (ㄴ), (ㄷ)의 <u>3가지 조건이 다 맞으면</u> 가정법이다.
해석: 괄호 (if ~)에 있는 동사의 해석을 한글과 다르게 해야 한다.

(ㄱ) <u>if절의 내용</u>이 사실이 아니거나 비현실적이다.
　　　(If I were you), I would go to the university. (내가 너로 될 수 없어 비현실적)
　　　(내가 너라면), 나는 그 대학에 갈 거다.

(ㄴ) <u>if절의 동사</u>가 **과거** 또는 **"had + 동사ed"**이다.

① (If I **were** rich), I would buy a car.
　　(내가 부자**라면**), 나는 차 한대를 살터인데.　　(내가 부자**였다면**) ~ X

② (If the weather **had been** good), we would have gone on a picnic.
　　(날씨가 **좋았다면**), 우리는 소풍을 갔을 거다. 　(날씨가 **좋았었다면**) ~X

(ㄷ) <u>문의 "기본 동사"</u>에 **would/ could** 가 앞에 있다.
　　　(If she were there), her father **would** find her.
　　　(그녀가 그곳에 있다면), 그녀의 아버지가 그녀를 발견할거다.

주의할 가정법: (if ~ should)의 표현은 미래에 대한 표현 ~ 가정법으로 쓰인다.
(if + **should** + 동사), 주어 + **will/ would** + 동사
(if ~ should eat), 주어 + **will/ would** + 동사.　　(먹으면), ~.
(if ~ should die), 주어 + **will/ would** + 동사.　　(죽으면), ~.

① (If I **should have** any trouble), you will/ would be sorry.
　　(내가 어떤 문제가 **있으면**), 너는 유감일거야.

② (If I **should miss** the train), I shall not enter the concert.
　　(내가 기차를 **놓치면**), 나는 그 콘서트에 들어가지 못할 거다.

Exercise

if가 있는 괄호를 해석해 보세요.

Hint: if가 있는 괄호에 현재 시제의 동사가 있어서 ④는 가정법이 아니다. 해석에 주의한다.

① (If I were you), I/ would study very hard.
② (If I were rich), I/ would buy a car.
③ (If the weather had been good), we/ would have travelled to Seoul.
④ (If you are ill), then you/ must stay in bed.
⑤ (If you had met him), you/ would have been killed by him.
⑥ (If I had accepted your advice), I/ could have saved a lot of money.

답:
① (내가 너라**면**) ② (내가 부자라면) ③ (날씨가 좋았다면) ④ (네가 몸이 아프면)
⑤ (네가 그를 만났다면) ⑥ (내가 너의 충고를 받아들였다면)

Mistakes

영어	틀리는 해석	맞는 해석
(If your heart **stopped** beating), you **would** soon die.	(너의 심장이 뛰는 것을 **멈추었다면**), 너는 곧 죽을 거야.	(너의 심장이 뛰는 것을 **멈추면**), 너는 곧 죽을 거야.
(If he **had been** dead), I **would** have not lived alone.	(그가 **죽었었다면**), 나는 혼자 살지 못 했었을 거다.	(그가 **죽었다면**), 나는 혼자 살지 못 했을 거다.

Tips

주의: "if ~were to 동사"의 해석:
"if ~were to 동사" 역시 미래에 대한 표현 ~ 가정법의 표현으로 해석에 주의한다.

(If Hillary **were to** make an offer), she could do better.
= (If Hillary **made** an offer), she could do better.
= Were Hillary to make an offer, she could do better.
만약 힐러리가 오퍼를 한다면, O   만약 힐러리가 오퍼를 했다면, X

요점: 2가지 문을 해석할 때 차이: if가 있는 괄호 내의 동사 시제에 주의한다.

① (If the weather <u>were good</u>), we would go on a picnic.
   (날씨가 <u>좋다면</u>),우리는 소풍을 갈 터인데. ~ 날씨가 좋아질 것 같지 <u>않은</u> 경우
② (If the weather <u>is good</u>), we will go on a picnic.
   (날씨가 <u>좋다면</u>),우리는 소풍을 갈 거야.   ~ 날씨가 좋아질 것 같은 경우

3. 예외의 If ~ if가 없는 경우

> **3분 비법**

> if가 없어도 가정법으로 쓰는 특별한 표현:
> 반드시 가정법으로만 쓰는 표현과, 가정법으로 쓸 수도 있는 표현이 있다.

if가 없어도 가정법의 표현으로 쓰여 영어와 한글의 시제 해석이 다른 표현이 있다.

(ㄱ) 다음 표현은 가정법의 표현으로 영어와 한글의 해석이 **항상** 다르다.
    wish (that ~), **It is time** (that ~), **would rather** (that ~)
    해석: that가 있는 괄호 안의 <u>영어의 과거는 한글로는 현재</u>, <u>영어의 과거분사는 과거</u>로 해석한다.

① I wish (that I **did**).   나는 (내가 **하기**)를 바란다.
② I wish (that it **were** mine).   나는 (그것이 나의 것**이기**)를 바란다.
③ I wish (that you **had done** that).   나는 (네가 그것을 **했기**)를 바란다.
④ He wishes (that I **would** get the job). 그는 (내가 그 일을 **잡기**)를 바란다.
⑤ It is time (that you **got up**).   네가 **일어나는** 시간이다.
⑥ It is time (that you **had got up**).   네가 **일어났을** 시간이다.
⑦ It is time (that he would come home). 그가 **집에 오는** 시간이다.

(ㄴ) **suppose, imagine, as if, as though**는 가정법의 표현을 쓸 수도 있다.
      가정법으로 쓰이면, 동사의 해석이 한글과 다르다.

① (**Suppose** I **were** a banker).   (내가 은행원**이라고 가정하자**).
② (**Imagine** he **were** a begger).   (그가 거지**라고 가정하자**).
③ Sam/ talks **as if** he **knew** everything).   + (그가 모든 것을 아는 것처럼)

> **Tips**

> 중요: if가 없어도, "~면"으로 해석되는 표현들:
>
> **with, without, but for, unless:** ~ 없으면, 없었다면, **in case:** ~ 경우라면
> **supposing** ~면, **assuming** (that) 가정한다면, **on condition** (that) ~ 조건이면,
> **provided** (that)/ **providing** (that) ~ 조건이면, **as long as** ~면, **given** (that) ~ 면
> ① (**With** luck), Mark will be here this afternoon.   (운이 있으면),
> ② (**Without** your help), I can not finish this.   (네 도움이 없다면),
> ③ (**But for** your help), we could not survive.   (네 도움이 없었다면),
> ④ I will pick you up, (**in case** it should rain).   (비가 내리는 경우라면),
> ⑤ (**Supposing** he won the competition), what would he do? (그가 그 경쟁에서 이기면),

Exercise

밑줄 친 부분을 해석해 보세요.

Hint: ⑤ ~ ⑩의 if only ~, but for ~, with ~, without ~는 "면~"으로 해석한다.

① I wish (you were my daughter).
② I wish (to meet her).
③ It is time (that you went (to bed)).
④ It is time (to go home).
⑤ (If only I passed the exam).
⑥ (But for your help), I would be dead.
⑦ (But for your help), we could not have survived.
⑧ (With luck), Mark will be here by 2 o'clock.
⑨ (If only I met Prince Charles).
⑩ (If only you had told me that).
⑪ My father looks (as if he **were** ill).
⑫ My father talks (as if he **were** a child).

답:
① 네가 나의 딸**이기를**   ② 그녀를 만나기를 ③ 네가 잠자리에 가는
④ 집에 가는   ⑤ 내가 그 시험에 통과하기만 한다면
⑥ 너의 도움이 없다면   ⑦ 너의 도움이 없었다면
⑧ 운이 좋다면   ⑨ 내가 Charles왕자를 **만나**기만 한다면
⑩ 네가 나에게 그것을 **말하기**만 했다면
⑪ (그가 아픈 것 같이)   ⑫ (그가 어린이 같이)

Tips

문법: wish와 hope의 차이 ~ wish뒤의 해석에 주의

hope와 wish는 의미가 같다. (~원한다)
그러나 hope 뒤는 가정법이 아니며 wish 뒤는 가정법으로 동사의 시제 해석에 주의한다.
① I hope he will pass the exam. 나는 그가 그 시험에 통과하기를 원한다.
② I wish he pass**ed** the exam. 나는 그가 그 시험에 통과하기를 원한다. 통과했기를 X

주의: even (if~)/ even (though~) "~라도", unless ~아니면

① (**Even if** you love me), I do not want to marry you. (네가 나를 사랑하더라도),
② I will go on a picnic (**unless** it rains). = I will go on a picnic (if it does not rain).

4. 일부가 생략된 가정법

> **3분 비법**

| **if가 있는 문은 일부가 생략되고 쓰이는 경우가 있다.** |

(ㄱ) **생략1**: if가 생략되면 <u>were, had, should</u>가 주어의 앞에 온다.
if가 보이지 않아도 "~면"을 넣어 해석한다.

- (**Were** + 주어), ~ would
  (Were he in Seoul), he would live with me.
  (그가 서울에 있으면), 그는 나와 같이 살터인데.

- (**Had** + 주어 + 과거분사), ~ would
  (Had I met her), I would have bought the car.
  (내가 그녀를 만났다면), 나는 그 차를 샀을 터인데.

  (Had it not been for two murders), this city would have gone unnoticed (by the world). (두 건의 살인이 없었다면),

- (**Should** + 주어 + 동사), ~ will/ would
  Should you buy your house, you would be (in big trouble).
  (네가 너의 집을 사면), 너는 (큰 문제에) 빠질 거다.

(ㄴ) **생략2**: 문의 일부가 생략된 경우 ~ (What if~) (~이면),
(If only ~) (~기만 하면)

① (What if Fred **were** in love with me)? (프레드가 나를 사랑하면 어떻게 될까)?
② (What if he **wanted** (to marry me))? (그가 나하고 결혼하기를 원하면 ~)?
③ (What if he **were** poor)? (그가 가난하면 어떻게 될까)?
④ (If only I **had listened** to my daughter). (내가 나의 딸의 말을 듣기만 했다면).

> **Tips**

| 중요: if only는 항상 가정법으로 쓰인다. |

if only는 주로 가정법으로 쓰이며, 가정법이므로 동사의 해석이 한글과 다르다.
해석은 "~기만 하면"이다.
(If only he **were** a prince), I would marry him.
(그가 왕자이기만 하면), 나는 그와 결혼할 터인데.

Exercise

if가 들어 있는 괄호를 해석해 보세요.
Hint: if가 생략된 표현이 있다.

① (Were she rich), I would marry her.
② (Were she in charge), she would not do (that kind of) stupid thing.
③ (Had I known you), I would have sent you an e-mail.
④ (Had I known you), I would have told you.
⑤ (Should anyone call), you must let me know.
⑥ (Should you have any questions), please feel free (to contact me) any time.
⑦ (Should you not wish me (to visit you)), please let me know.
⑧ (Were it not for your help), I would be a beggar.
⑨ I should be grateful (if you could reply soon).
⑩ I should be happy (if you would come (to my house)).
⑪ I would appreciate it (if you could send me a letter soon).

답:
① (그녀가 부자라면) ② (그녀가 관리한다면) ③ (내가 너를 알았다면)
④ (내가 너를 알았다면) ⑤ (누구라도 전화하면)
⑥ (당신이 어떤 질문이 있으시면)
⑦ (당신이 내가 당신을 (방문하기)를 원하지 않으시면)
⑧ (너의 도움이 없다면) ⑨ (네가 곧 답을 할 수 있으면) ⑩ (네가 (나의 집에) 오면)
⑪ (네가 곧 나에게 한통의 편지를 보낼 수 있으면)

Tips

주의: 정해진 표현으로만 사용되는 if:
If possible (가능하면), if applicable (적용되면), If in doubt (의심되면),
If not (그렇지 않으면), If so (그러면), If anything (무엇인가가 있으면),

주의: 괄호 (if~)에 should, would를 사용하면, **공손, 정중하게** 표현된다.
should가 앞에 나오는 경우도 있다.
① (If you should come (to Korea)), come and see me.
   (당신이 (한국에) 오시면)), 와서 나를 보세요.
② (If you should meet her), send my best regards (to her).
   (당신이 그녀를 만나면), 나의 안부를 그녀에게 전해주세요.
③ I would appreciate it (if you would print this letter (to warn others) (of this)).
   나는 그것을 감사할 것입니다 (당신이 (타인들에게 (이것을) 경고하기 위하여) 이 편지를 인쇄해 주시면)

영어를 유창하게 쓰는 것 같이 보이는 인도인, 싱가폴인, 필리핀인들도 사실은 영어가 모국어가 아니라 학교에서 배운 영어이다.

H. 고급 문을 바로 읽을 수 있는 실전 해석법
~ 이 방법을 따르면 누구나 1 시간 정도만 배워도 고급 문도 정확히 해석할 수 있다.

3 단계로 생각하되 "주어, 동사, 목적어, 보어" 순으로 해석한다.

- 주어부터 동사까지:
  주어 찾기: "첫 명사/ 첫 괄호"를 찾는다.
  동사 찾기: 문의 "기본 동사"를 찾는다.

- 목적어와 보어 찾기: 동사 뒤에서 "첫 명사/ 첫 괄호"를 찾는다.

- 수식어와 수식되는 것

1. 해석 1 단계 ~ 주어부터 동사까지 해석하고 괄호하기

3분 비법

주어 찾기: 주어의 순서에서 "첫 명사/ 첫 괄호"를 찾으면, 나머지는 수식어이다.

주어와 동사 찾기/ 괄호하기:

(ㄱ) **주어 찾기**: "첫 명사/ 첫 괄호"를 찾으면, 나머지는 수식어이다. ☞ p.24

① A beautiful <u>book</u>/ was (on the table).   1개의 예쁜 책이/
② The important <u>thing</u>/ is this.   그 중요한 것은/
③ (Playing soccer)/ is a good excercise.   (축구를 하는 것)은/
④ (What I want)/ is this.   (내가 원하는 것)은/
⑤ <u>People</u> (playing soccer here)/ enjoy it.   (여기서 축구를 하는) 사람들은/

(ㄴ) **동사 찾기**: be동사와 "일반 동사"만 찾으면 된다. ☞ p.41

① This/ **is** (what he wants).   이것이/ 이다 + (그가 원하는 것)
② He **keeps** it fresh.   그는/ 유지한다 + 그것을 + 신선하게

(ㄷ) **괄호하기와 해석**: 정해진 표현만 괄호로 한다. ☞ p.52

① (Learn**ing** English)/ is interesting.   (영어를 배우는 것)은/
② (**That** Bill loves me)/ makes him jealous.   (Bill이 나를 사랑하는 것)은/

주의할 괄호: 구/절처럼 보이지만 구/절이 아닌 것이 있다.

- "be + 동사ing", "be +/ 동사ed", "have + 동사ed":
  앞에 be, have가 있는 동사ing, 동사ed는 구/절이 아닌 동사이다.
  ① be + 동사ing: I/ **am** learn**ing** English.   ~고 있다   ☞ p.70
  ② be + 동사ed: They/ **are** smash**ed**.   ~당하다/ 되다   ☞ p.84
  ③ have + 동사ed: I/ **have** just finish**ed** the work. ~ㅆ   ☞ p.72

- ~ed가 구/절이 아니고, 동사의 과거인 경우가 있다.
  I **worked** in the company (where he worked). 일했다.

- "~ing, ~ed"가 형용사이면 구/절이 아니고 명사의 앞에 온다. ☞ p.51
  a sleep**ing** child   잠자는 아이
  a liv**ing** legend   살아있는 전설

- that은 "저", "저것"의 의미가 있다. **that** man 저 사람, **That**/ is mine. 저것은/

Exercise

구/절을 괄호로 하고, 첫 명사/ 첫 괄호만 찾고, 동사와 함께 해석을 해 보세요.

Hint: 문의 각 구성 "주어 + 동사 + 목적어 + 목적어 +보어"에서,
맨 처음에 나오는 괄호만 첫 괄호 (명사구/절)이다.
괄호가 없으면, 맨 뒤의 단어가 첫 명사이다. 나머지는 모두 수식어이다.
문에 물음표가 없으면, 문의 처음에 나온 wh~는 첫 괄호 (명사구/절)이다. ①, ②, ③
전치사로 시작된 괄호는 주어가 아니다. ⑤

① What I want is to go home.
② What makes him great seems very simple.
③ What is important is to bring the painting back to an artist's original intent.
④ After graduating from high school, he briefly attended the collage.
⑤ In 1950, the president sent American troops to help us turn back a North Korean invasion.

답:
① (What I want)/ is (to go home).
   (내가 원하는 것)은/ 이다 +

② (What makes him great) seems very simple.
   (그를 대단하게 만드는 것)은/ 보인다 +

③ (What is important)/ is (to bring the painting back) (to an artist's original intent). (중요한 것)은/ 이다 +

④ ((After graduating) (from high school)), he/ briefly attended the collage.
   그는/ 다녔다 +

⑤ (In 1950), the president/ sent American troops ((to help us (turn back a North Korean invasion). 그 대통령은/ 보냈다 +

Tips

요점: 명사구/절의 해석은 "것/ 가/ 지", "다고/ 라고"가 붙는다.

① (Drinking wine) made me drunk.   (wine을 마시는 것)은
② I know (what you are saying).   (네가 말하고 있는 것)을
③ We believe (that it will be convenient). (그것이 편리할거라고)

2. 해석 2 단계 ~ 동사 뒤 순서의 해석, 괄호하기

3분 비법

동사 뒤의 기본 순서를 찾는 법: 각 구성마다 "첫 명사/ 첫 괄호"를 본다.

동사 뒤의 목적어/ 보어를 찾고, 괄호하기:
목적어 찾기: 주어에서 "첫 명사/ 첫 괄호"를 찾는 법과 같다. ☞ p.24
보어 찾기: 주어에서 "첫 명사/ 첫 괄호"를 찾는 법과 같다. ☞ p.24
　　　　　　보어는 형용사도 될 수 있다.

목적어/ 보어의 해석:

(ㄱ) 목적어의 해석: 첫 명사/ 첫 괄호의 뒤에 "에게", "을/를"을 붙인다.

① I/ bought a very expensive <u>car</u>.　　아주 비싼 <u>차를</u>
② I/ like <u>(to play soccer)</u>.　　　　　(축구를 하는 것)을
③ I/ bought <u>(what I wanted)</u>.　　　　(내가 원한 것)을
④ He/ gave <u>me</u> water.　　　　　　　나에게 + 물을
⑤ He/ gave <u>me</u> <u>(what I wanted)</u>.　　나에게 + (내가 원했던 것)을

(ㄴ) 보어의 해석:

- 목적어 뒤의 보어: "다고/라고, 로/게"를 붙인다.
  I/ made the room clean.　　나는/ 만들었다 + 그 방을 + 깨끗하**게**

- be동사와 be동사와 같은 동사 뒤의 보어:
  ◦be동사 뒤의 보어:
  This car/ is **economical**.　　이 차는/ 이다 + **경제적**

  ◦be동사처럼 뒤에 보어 (형용사)가 오는 동사 3가지 ☞ p.42
  해석은 "~게/ ~서"로 해석한다.
  ① become, grow ... / ② look, feel, sound .../ ③ marry, die ...

  ① He/ became **tired**.　　　그는/ 되었다 + 피곤하**게**
  ② She/ looked **poor**.　　　그녀는/ 보였다 + 가난하**게**
  ③ She/ married **young**.　　그녀는/ 결혼했다 + 어려**서**

Exercise

구/절을 괄호로 하고, 목적어/ 보어가 되는 첫 명사/ 첫 괄호/ 형용사만 찾아보세요.

Hint: 목적어, 보어는 문의 기본 순서에서 동사의 뒤에서 찾는다.
목적어, 보어에서 첫 명사/ 첫 괄호를 찾는 법은 주어에서 찾는 법과 같다.

① I have to finish the job quick.
② I really did it.
③ I sometimes watch TV.
④ I prepared it in haste.
⑤ I have lived in Seoul since 1987.
⑥ The world has long remembered what he said.
⑦ On the Internet, he found a site for pen pals which had a list of e-mail addresses of teenagers around the world.

답:

① I/ have to finish the job quick. 일을
② I/ really did it. 그것을
③ I/ sometimes watch TV. TV를
④ I/ prepared it (in haste). 그것을
⑤ I/ have lived (in Seoul) (since 1987). 목적어/ 보어가 없음
⑥ The world/ has long remembered (what he said). (그가 말한 것)을
⑦ (On the Internet), he/ found a site (for pen pals) (which had a list (of e-mail addresses)(of teenagers) (around the world)). site를

Mistakes

영어	틀리는 해석	맞는 해석
I bought him a bike.	나는 그에게 자전거를 샀다.	나는/ 사주었다 + 그에게 + 자전거를
I water the plant.	나는 물 그 식물	나는/ 물을 준다 + 그 식물을

Tips

요점: 동사를 보면 동사 뒤의 기본 순서를 짐작할 수 있다.

동사마다 특별히 잘 쓰이는 기본 순서가 있다.
동사를 보면 그러한 순서를 떠 올리면 쉽게 해석할 수 있다.
예, ~ 동사 bought 뒤에 명사가 1개 또는 2개가 있다.
① He bought a nice car. 그는/ 샀다 + 한대의 좋은 차를
② He bought me a nice car. 그는/ 사주었다 + 나에게 + 한대의 좋은 차를

3. 해석 3 단계 ~ 수식어와 수식되는 것의 의미의 연결

3분 비법

> 수식어의 위치:
> (ㄱ) 수식되는 것의 **바로 앞/ 바로 뒤**에 있다.
> (ㄴ) 예외로 **문의 끝**에 있다.

문에서 수식어 찾기: ☞ p.16
문의 기본 순서에서 "첫 명사, 첫 괄호"를 제외한 나머지는 모두 수식어다.
괄호가 아닌 **수식어**는 수식되는 단어의 **앞**에 있다. ⌒ 로 표시
괄호인 **수식어**는 수식되는 단어의 **뒤**에 있다. ⌢ 로 표시
문의 끝에 있는 수식어는 앞에 나온 동사, 형용사를 수식한다. ⌐¬ 로 표시

① He/ delivered his lecture (at Harvard University).
　　그는/ 했다 +그의 강의를 (하버드 대학에서)

② He/ will say something (in despair).
　　그는/ 말할 거다 + 무언가를 (절망하여).

③ The book (that will be written) (by a friend) (of mine)/ needs financial help.
　　그 책은　(쓰일)　　(한 친구에 의하여) (나의)/필요로 한다 +경제적 도움을

④ My favorite sounds/ were the snipping (of scissors).

⑤ Some 30 million Americans/ have significant hearing loss.

⑥ The laws (of life)/ are the important values.

⑦ (What you should do now)/ is (to go home and take a rest).

수식어 해석:　　　　　　　　　　　　　　해석
(ㄱ) 형용사나 형용사구/절:　　　　　　　 "ㄴ/ㄹ/의"

(ㄴ) 부사나 부사구/절:　　　　　　　　　 "ㅔ, ㅣ"...
　　예외: 강조/ 빈도부사:　　　　　　　　매우 .../ 항상 ...

(ㄷ) 조동사: 항상 동사의 앞에 있다.　　　정해진 표현

Exercise

구/절을 괄호로 하고, 문에서 수식어는 블록 체로 해 보세요.

Hint: (the number of)는 수/양에 관련된 표현으로 예외로 of 앞을 괄호로 한다. ⑧ ☞ p.146
"am going to" + 동사의 "am going to"는 조동사이다. ☞ p.70

① Those pretty girls are my daughters.
② The apple that I am eating was on the table.
③ I know the man who is running over there.
④ I took a rest comfortably for about ten minutes.
⑤ I am going to consider it very seriously.
⑥ The gods changed the animal into a creature having the new feature.
⑦ In many English dictionaries published recently, we find more and more gender-neutral words.
⑧ The number of foreigners interested in the Korean language has increased dramatically over the past few years.

답:

① **Those pretty** girls/ are **my** daughters.

② **The** apple **(that I am eating)**/ was (on the table).

③ I/ know the man **(who is running (over there))**.

④ I/ took a rest comfortably **(for about ten minutes)**.

⑤ I/ **are going to** consider it **very seriously**.

⑥ **The** gods/ changed the animal **(into a creature) (having the new feature)**.

⑦ **(In many English dictionaries (published) recently))**,

we/ find **more and more gender-neutral** words.

⑧ **(The number of)** foreigners **(interested) (in the Korean language)**/
(많은)   외국인들은 (관심이 있는) (한국어에)
has increased **dramatically (over the past few years)**.
증가해 오고 있다 **극적으로** (지난 2년에 걸쳐)

인도, 싱가폴, 케냐, 나이지리아 등은 영어가 모국어는 아니지만, 행정, 방송, 교육에 영어를 사용하는 나라들이다.

I. 질문의 해석

~ 의문문의 해석

- 질문을 찾는 방법

- 주의할 해석

1. 질문을 찾는 방법

3분 비법

> 질문은 3가지 중 1가지로 시작한다. 조동사, be동사, wh~

질문이 적힌 순서: 1 가지이다 ~ (주어 + 동사 + 목적어 + 목적어 + 보어)
예외의 순서 ~ "wh~ + be 동사 + 주어(명사)"

질문은 다음 3가지 중 1가지로 시작한다.
(ㄱ) 조동사: do, be, have, (will, can, may, shall ...) 등
(ㄴ) be 동사: am, are, is, were, was
(ㄷ) wh~: who, whose, what, which ...등 ☞ p.182

1.1. 질문 1: 조동사가 처음

3분 비법

> 조동사로 시작하는 질문은 "문의 1가지 순서"로 적혀있다.
> **질문의 순서**: 조동사 + 주어 + 동사 + 목적어 + 목적어 + 보어?

조동사가 있는 **질문의 순서**: 1가지 순서
주의: 문의 처음에 나오는 do, be, have는 조동사이다.

조동사	주어	+동사	+목적어	+목적어	+보어
① **Did**	Koreans	elect		him	president?
쓰 니?	한국인들은	선출하다		그를	대통령으로
② **Can**	you	eat		dog meat?	
수 있니	너는	먹다		개고기를	
③ **Are**	you	eat**ing**		dog meat?	
고 있니?	너는	먹다		개고기를	
④ **Was**	it	eat**en**?			
히었니	그것은	먹다			
⑤ **Have**	you	eat**en**		dog meat?	
적이 있니?	너는	먹다		개고기를	

Exercise

구/절을 괄호로 하고, 질문을 나타내는 단어와 주어만을 골라 적어 보세요.

Hint: do, be, have는 조동사/ 동사로 쓰인다. 조동사이면 do의 자리에 온다.

① Do you/ exercise every day?
② Do you/ know the man (who bought me a car)?
③ Do you/ know the man (whose face looks (like Tom's))?
④ Do you/ know (where I can rent a car)?
⑤ Does he/ get up early every day?
⑥ Did you/ eat anything this morning?
⑦ Doesn't Sam/ like apples?
⑧ Are you/ studying now?
⑨ Are you/ going (to meet her tonight)?
⑩ Were you/ drinking Coke then?
⑪ Have you/ ever seen ladybugs here?
⑫ Can you/ help me?
⑬ Will you/ meet me?
⑭ Would you/ do me a favor?

답:

① Do you	② Do you	③ Do you	④ Do you
⑤ Does he	⑥ Did you	⑦ Doesn't Sam	⑧ Are you
⑨ Are you	⑩ Were you	⑪ Have you	⑫ Can you
⑬ Will you	⑭ Would you		

Tips

문법: 질문에서 현재, 과거, 미래를 표현하는 법

(ㄱ) 현재: do/ does, am/ are /is, have/ has가 현재형이다. 예: ~니?
① **Do** you read him books?   너는 그에게 책들을 읽어 주니?
② **Does** Mr. Kim consider me a singer?   김 씨는 나를 가수로 생각하니?
③ **Are** you read**ing** books now?   너는 지금 책들을 읽고 있니?

(ㄴ) 과거: did, was/ were, had가 과거형이다. 예: ㅆ 니?
① **Did** he enjoy (playing soccer)?   그는 (축구를 하는 것)을 즐겼니?
② **Were** you read**ing** books?   너는 책들을 읽고 있었니?

(ㄷ) 미래: will이 미래를 표현한다.   예: ㄹ거니?
① **Will** he become a banker?   그는 은행원이 될 거니?

1.2. 질문 2: be 동사가 처음

> 3분 비법

be 동사가 문의 처음에 있으면, 주어가 동사의 뒤에 있다.
be동사 + **주어** + **목적어** + **목적어** + **보어**

be가 문의 처음에 나오면, 질문은 2가지 형태가 된다.
- be가 동사인 경우
- be가 조동사인 경우

(ㄱ) **be가 동사이면**, 문의 1가지 순서에서 be가 문의 처음에 나오고
주어와 보어가 순서대로 나온다.
be동사 + **주어** + **보어**

주의: 주어와 보어는 똑같이 명사이거나, 보어는 형용사가 될 수 있다.
be 동사 + 명사 + 명사 또는 **be 동사** + 명사 + 형용사"
명사 대신 "명사구/절"이 올 수도 있다.

be동사	+주어	+목적어 +목적어	+보어
① Is	Mark /		your **son**?
② Was	the **man** (whom you met)/		your **boss**?
③ Is	this		(what you want)?
④ Is	the **car** (you have driven)		the **one** (you want)?
⑤ Is	the **car**		**beautiful**?

(ㄴ) **be가 조동사이면**, 문은 1가지 순서이다. ☞ p.108
be +"주어 + 동사 + 목적어 + 목적어 + 보어"

주의: 이때 be 조동사 뒤의 동사는 "동사ing/ 동사ed"가 나온다.
- be + 동사ing: ~고 있다/ 중이다   (진행의 의미)
- be + 동사ed : ~당하다   (수동의 의미)

	주어	+동사	+목적어 +목적어	+보어
① **Are**	you	eat**ing**	pizza?	
	니?	너는	먹고 있	피자를	
② **Was**	your dog	kill**ed**?		
	했니?	너의 개는	죽음을 당		

Exercise

정해진 구/절을 괄호로 하고, 질문을 나타내는 표현과 주어를 찾아보세요.

Hint: 질문을 나타내는 표현은 문의 맨 처음에 나오는 표현들이 정해져 있다.
be동사가 문의 처음에 나오는 질문은 주어 뒤에 동사가 없다.

① Are you/ Korean?
② Aren't you/ stupid?
③ Are the dogs/ yours?
④ Is he/ a farmer?
⑤ Is he/ handsome?
⑥ Isn't the animal (drinking water)/ cute?
⑦ Is Johnny/ Canadian?
⑧ Is the man (reading a newspaper)/ your boss?
⑨ Is your favorite sound/ the screech (of tape) (being pulled) (from its roll)?
⑩ Is it/ hot today?
⑪ Was your mother/ a cook?
⑫ Were they/ good students?
⑬ Were you/ pleased (to discover that the picture) (over there)?

답:
① Are you
② Aren't you
③ Are the dogs
④ Is he
⑤ Is he
⑥ Isn't the animal (drinking water)
⑦ Is Johnny

⑧ Is the man (reading a newspaper)/
신문을 읽는 그 남자 분이 ~ 이세요?/

⑨ Is your favorite sound/
네가 좋아하는 소리는 ~ 입니까?/

⑩ Is it
⑪ Was your mother
⑫ Were they

⑬ Were you/
당신은 ~ 이었니?/

1.3. 질문 3: wh~가 처음

3분 비법

> wh~ 질문은 "1 가지 순서"이다.
> (ㄱ) "wh~ + 조동사"이면 "1 가지 순서": (wh~ + 조동사 + **주어 + 동사 ...**)
> (ㄴ) wh~가 주어이면 역시 "1 가지 순서": (**주어 wh~ + 동사 ...**)
> (ㄷ) 예외로 be동사 뒤가 주어인 경우가 있다:(wh~ + **be동사 + 주어(명사)**)

(ㄱ) "**Wh~ + 조동사**"이면 "1 가지 순서"이다. wh~의 변화 부록 참조 ☞ p.182

	Wh~	+조동사	+**주어**	+동사	+목적어	+목적어	+보어	...기타
①	What	do	you	do				every day?
	무엇을	니?	너는	하다				매일
②	What	is	he	doing				now?
	무엇을	니?	그는	하고 있				지금
③	What	have	we	done?				
	무엇을	니?	우리는	했				

(ㄴ) **wh~가 주어이면** 해석은 wh~에 "은/는/이/가"를 붙인다.
  (예: who 누**가**, what 무엇**이**, which 어떤 것**이**, what color 무슨 색깔**이**)
  다음 3가지 경우에만 wh~가 주어가 된다.

- **조동사가 없다.**
  What makes you happy?   **wh**at 무엇이

- **조동사와 동사가 붙어 있다.**
  Who will read me books?   **wh**o 누가

- **be동사 뒤에 형용사가 있다.**   (wh~ + be +형용사)
  Which animal/ is sick?   **Wh**ich 어떤 동물이

(ㄷ) **예외**: "wh~ + be동사 + 명사 (주어)"
  be 동사 뒤에 명사가 있으면, be동사 뒤에 주어가 있다.
  ① What are **those**?   무엇이니 + 저것들은?   (be + 명사)
  ② 비교: Who is **pretty**?   누가 예쁘니?   (be + 형용사)

Exercise

정해진 구/절을 괄호로 하고, 주어와 동사에 밑줄을 긋고, 해석해 보세요.

Hint: wh~가 있는 질문은 조동사가 있으면, 조동사의 뒤가 "1가지 순서"이다.
　　예외로 조동사가 없으면, wh~가 주어이다.
　　예외로, 조동사와 동사가 옆에 바로 붙어 있으면, wh~가 주어이다.

① Where are you?
② When did you meet her?
③ Which animal is yours?
④ What kind of bird is that?
⑤ What makes her sad?
⑥ Who will meet me tomorrow?
⑦ Whom will she meet?
⑧ Who is kind?

답:
① Where <u>are</u> <u>you</u>?　　　　　　　어디에/ 있니? + 너는
② When did <u>you</u> <u>meet</u> her?　　　　언제/ ㅆ? + 너는/ 만나다 + 그녀를
③ Which animal <u>is</u> <u>yours</u>?　　　　어떤 동물/ 니? + 너의 것은
④ What kind of bird <u>is</u> <u>that</u>?　　무슨 종류의 새/ 니? + 저것은
⑤ <u>What</u> <u>makes</u> her sad?　　　　무엇이/ 만드니? + 그녀를/ 슬프게
⑥ <u>Who</u> will <u>meet</u> me tomorrow?　누가/ 만날 거니? + 나를 내일
⑦ Whom will <u>she</u> <u>meet</u>?　　　　누구를/ ㄹ거니? + 그녀는/ 만나
⑧ <u>Who</u> <u>is</u> kind?　　　　　　　누가/ 니? + 친절한

Mistakes

영어	틀리는 해석	맞는 해석
What is it like?	그것은 무엇을 좋아하니?	그것은 무엇 같니?
What is it?	무엇이 그것이니?	그것은 무엇이니?
What's the weather like there?	너는 그곳 날씨를 좋아하니?	그곳은 날씨가 어떠니?
		그곳은 날씨가 무엇 같니?

"What is it like?"는 It is (like what)?이 질문의 형식으로 바뀌어 what 이 앞으로 갔다.

2. 주의 할 질문 표현: wh~ 앞에 전치사가 있는 경우

> **3분 비법**
>
> (ㄱ) 전치사가 있는 질문: (전치사 + wh~) ~ 예: With whom ...?
> (ㄴ) 괄호 안에 wh~가 있는 질문: 예: Do you know (wh~)?
> (ㄷ) 주의 할 문: think, suppose 동사는 특별한 용법이 있다.

(ㄱ) **(전치사 + wh~)는 문의 끝에 전치사**가 있는 경우와 같다. "wh~ ... + 전치사"
　　문의 끝에 전치사가 있으면, wh~에 전치사를 붙여 해석한다.
　　예: **with** whom 누구**와**, with what 무엇**으로**, in which city 어떤 도시**에서**,

① (**With** whom) did you speak? = **Wh**om did you speak **with**?
　　(누구**와**) 너는 말했니?

② (**With wh**at) did you catch it? = **Wh**at did you catch it **with**?
　　(무엇**으로**) 너는 그것을 잡았니?

(ㄴ) **wh~ 질문의 예외:**
　　wh~가 문의 처음에 있지 않으면 항상 괄호로 한다.
　　Do you know (wh~)?　　　　　　너는/ 아니 + (~지)를
　　Do you understand (wh~)?　　　　너는/ 아니 + (~지)를
　　Do you believe (wh~)?　　　　　너는/ 믿니 + (~지)를

　　Do you/ know (**wh**o used my computer)?
　　너는/ 아니 + (누가 나의 컴퓨터를 썼는지)를

(ㄷ) **"think/ suppose"**는 (ㄴ)과 같은 표현이라도, wh~가 문의 처음에 있다.
　　Wh~ + do you think + (주어 +동사 ...)?　　　~라고 생각하니?
　　Wh~ + do you suppose + (주어 +동사 ...)?　　~라고 생각하니?

① Who **do you think** stole my purse?
　　너는/ 생각하니 + (누가 나의 지갑을 훔쳤)**다고**
　　Do you think (who stole my purse)? 가 변한 것이다.

② What kind of beast **do you suppose** ate it?
　　너는/ 생각하니 + (무슨 종류의 짐승이 그것을 먹었)**다고**

Exercise

정해진 구/절을 괄호로 하고, 밑줄 친 부분을 해석해 보세요.

Hint: ①은 = **Which city** do you want to stay **in**?과 같다.
⑨ (why he did not study hard)는 앞에 명사가 있어 "형용사구/절"로 해석한다. (ㄴ/ㄹ)
⑩"What do you think"는 "너는 무엇을 생각하니?"로 직역되나,
"너는 어떻게 생각하니?"로 해석한다.

① <u>(In which city)</u> do you want to stay?
② <u>(With whom)</u> are you going to marry?
③ <u>(With whom)</u> are you going to go there?
④ <u>(On what subject)</u> do you want to talk with them?
⑤ <u>(About what)</u> did you talk?
⑥ <u>(During which years)</u> were you working with him?
⑦ <u>(To what)</u> does the speaker compare a poem?
⑧ Do you remember <u>(where you were born)</u>?
⑨ Do you know the reason <u>(why he did not study hard)</u>?
⑩ <u>What do you think</u> (of Sam's behavior) (toward his brother)?

답:
① (어떤 도시에서)
② (누구와)
③ (누구와)
④ (무슨 주제에 대하여)
⑤ (무엇에 대하여)
⑥ (어떤 해 동안에)
⑦ (무엇과)
⑧ (네가 어디에서 태어났는지)를
⑨ (그가 열심히 공부하지 않은)
⑩ 너는 어떻게 생각하니 (Sam의 행동에 대하여) (그의 남동생을 향한)

Tips

문법: "wh~ + be동사"의 해석:

"wh~ + be동사"는 be 동사 뒤에는 보어인 명사 또는 형용사가 온다. ☞ p.112
① What are those?   저것들은 무엇이니?   those는 명사로 주어이다.
② 비교: Who is kind?   누**가** 친절하니?   kind가 형용사이며, wh~가 주어이다.

3. 질문과 혼동되는 표현

~ wh~가 있어도 질문이 아닌 표현

3분 비법

> (ㄱ) wh~가 문의 처음에 나오지 않으면, wh~는 항상 구/절이다.
> (ㄴ) 문에 물음표가 없으면, wh~는 항상 구/절이다.
> (ㄷ) if/ whether가 있는 표현은 항상 구/절이 된다.

(ㄱ) wh~가 문의 처음에 나오지 않은 경우: wh~는 구/절이 된다.

① Do you know (**wh**at I mean)?
　너는/ 아니? + (내가 의미하는 것)을

② He/ knows (**wh**ich animal ate my chickens).
　그는/ 안다 + (어떤 동물이 나의 닭들을 먹은 지)를

③ I/was watching TV (**wh**en you called me).
　나는/ 보고 있었다 + TV를 (네가 나에게 전화를 했을 때에)

④ The man (**wh**om I had met)/ gave me the book.
　그 남자는 (내가 만났던)/ 주었다 + 나에게 + 그 책을.

(ㄴ) 물음표가 없는 경우: wh~는 항상 괄호에 넣는다.

① (**Wh**ich animal ate my chickens) is (**wh**at I want to know).
　(어떤 동물이 나의 닭들을 먹은 지)가/ 이다 + (내가 알고 싶은 것)

② (**Wh**en you called me), I/ was watching TV.
　(네가 나에게 전화를 했을 때에), 나는/ 보고 있었다 TV를.

(ㄷ) if/ whether를 사용한 표현은 항상 괄호에 넣는다.
① I/ wonder (if you like Korean culture). 　(네가 한국문화를 좋아하는지)를
② I don't care (whether you like this or not). (네가 이것을 좋아하는지 아닌지)를

(ㄹ) wh~ever는 접속사로 쓰이면 괄호에 넣는다.
　　whoever 누구라도　　　　　　　　　(비교: who ever 누구라도)
　　whenever 언제라도　　　　　　　　　whatever 무엇이라도
　　wherever 어느 곳이라도　　　　　　　however 어떻게 하더라도
　　(Whatever you do), I love you. (네가 무엇을 하더라도), 나는 너를 사랑해.

Exercise

괄호만 해석해 보세요.

Hint: 괄호 앞이 명사이면, 괄호의 해석은 "ㄴ/ㄹ/의"이다. ①, ②
그러므로 괄호가 "첫 괄호"인지 아닌지를 구분하는 것이 중요하다. ☞ p.24

① I know the reason (why you dumped me).
② Do you remember the house (where your son was born)?
③ Do you know (why he worked hard)?
④ I do not know (what made you angry).
⑤ (What makes him so sad) is (that his mother passed away last night).
⑥ (What makes me angry) is (that he did not tell me (about it)).
⑦ Were you a good soccer player (when you were young)?
⑧ Do you know (if the shop is open)?
⑨ Do you know (whether the shop is open or not)?
⑩ I don't care (if you don't like this).

답:
① (네가 나를 버린) ② (너의 아들이 태어난) ③ (왜 그가 열심히 일했는지)를
④ (무엇이 너를 화나게 만들었는지)를 ⑤ (무엇이 그를 그렇게 슬프게 만드는지)는/ (그의 어머니가 지난밤에 돌아가신 것) ⑥ (무엇이 나를 화나게 만드는지)는/ (그가 나에게 그것에 대해 말하지 않은 것) ⑦ (네가 어렸을 때) ⑧ (그 상점이 여는지)를 ⑨ (그 상점이 여는지 아닌지)를 ⑩ (네가 이것을 좋아하지 않는 지)를

Tips

요점: 영어의 단어가 달라도 모두 "ㄴ/ㄹ/의"로 해석하는 표현

모든 관계사는 단어가 달라도 모두 "ㄴ/ㄹ/의"를 붙여 해석한다. ② ~ ⑧
①은 wh~ 앞에는 동사가 있고, ② ~ ⑧에서는 wh~ **앞에 명사**가 있다.
② ~ ⑧의 when, on which, which ~on, that ~at, when, in which, which ~in, that ~in은 똑 같이 해석한다. "ㄴ/ㄹ/의"

① Do you remember (when you studied English)?   너는/ 기억하니 + (~때를)
② Do you/ remember the time (when you studied English)?   (~공부한) 때를
③ Do you remember the day (on which you studied English)?   (~공부한) 날을
④ Do you remember the day (which you studied English on)?   (~공부한) 날을
⑤ Do you remember the place (that you studied English at)?   (~공부한) 곳을
⑥ I can remember the time (when I started fishing)).   (내가 fishing을 시작한) 그 때
⑦ I can remember the spring (in which I started fishing).   (내가 fishing을 시작한) 그 봄
⑧ I can remember the spring (which I started fishing in).   ⑦과 같은 해석
⑨ I can remember the spring (that i started fishing in).   ⑦과 같은 해석

영어가 다른 언어에 미치는 영향이 많아 Japlish, Franglais 라는 표현까지 할 정도이다.

J. 부정문, 명령문, 감탄문, 도치문의 해석

1. 부정문

3분 비법

> 부정문은 부정의 표현이 들어 있다.
> **부정의 표현:** **n**ot, **n**o, **n**ever, **n**either, **no**thing, hardly, rarely, scarcely, barely
> **부정의 해석:** "아니다, 않는다, 못한다, 없다"를 붙인다.

부정문: 부정의 표현이 들어가 있는 문이다.
부정의 해석: 정해진 한글의 부정 표현을 넣어 해석한다.

① It is not an animal.　　　　　　　그것은 동물이 <u>아니다</u>.

② She does not live here.　　　　　그녀는 여기에서 살지 <u>않는다</u>.

③ No children did it.　　　　　　　어떤 아이들도 그것을 하지 <u>않았다</u>.

④ There were no books there.　　　그곳에는 아무런 책도 <u>없었다</u>.

⑤ I have never liked it.　　　　　　나는 결코 그것을 좋아한 적이 <u>없다</u>.

⑥ He rarely solves my problems.　그는 <u>거의</u> 나의 문제를 해결하지 <u>못한다</u>.

⑦ I hardly drank it.　　　　　　　　나는 <u>거의</u> 그것을 마시지 않았<u>다</u>.

⑧ He could barely speak.　　　　　그는 <u>거의</u> 말할 수 <u>없었다</u>.
　　　　　　　　　　　　　　　　　　그는 <u>겨우</u> 말할 수 있었다.

wh~ 질문에서의 부정도 같은 한글 표현을 넣는다.

① Who hasn't had any bike?　　　　　누가 어떠한 자전거도 갖지 않았지요?
② Why don't you tell me about it?　왜 너는 그것에 대하여 나에게 말하지 않니?
③ When shouldn't we call you?　　　언제 우리는 너에게 전화를 하지 말아야 하니?
④ Which bike don't you like?　　　　어떤 자전거를 너는 좋아하지 않니?
⑤ How long haven't you talked to him?얼마나 오래 너는 그와 말하지 않고 있니?
⑥ How often didn't you go to school? 얼마나 자주 너는 학교에 가지 않았니?

Exercise

정해진 구/절을 괄호로 하고, 부정의 표현, 동사, 조동사에 밑줄을 하고 해석을 해 보세요.

Hint: Rarely have I drunk. 　　　　　　　　　　　드물게 ...않는다
　　　　Seldom have I seen such a horrible accident. 　좀처럼 ...않는다
　　　　She can not read books. 　　　　　　　　　　그녀는 책들을 읽을 수 없다.

① He could hardly breathe.
② Doesn't she live here?
③ Does she not live here? (formal한 표현)
④ She is not a nurse.
⑤ Why don't you read it?
⑥ Why not go by subway?
⑦ He can't decide whether to go or to stay home.
⑧ (Whether you love me or not), I want to marry you.

답:
① He could hardly breathe. 　　　　　　　　　　거의 숨을 쉴 수 없었다.
② Doesn't she live here? 　　　　　　　　　　　살지 않다
③ Does she not live here? 　　　　　　　　　　 살지 않다
④ She is not a nurse. 　　　　　　　　　　　　~아니다
⑤ Why don't you read it? 　　　　　　　　　　~않다
⑥ Why not go by subway? 　　　　　　　　　　~않다
⑦ He can't decide (whether (to go) or (to stay home)). 　결정할 수 없다
⑧ (Whether you love me or not) 　　　　　　　(네가 나를 사랑하든지 아니든지)

Tips

해석에 주의할 표현: too ~ (to ~)

① The goal is **too** difficult (**to** achieve). 　　그 목표는 (달성하기에) 너무 어려워.
② He is **too** young (**to** watch this movie). 　그는 (이 영화를 보기에) 너무 어려.

2. 명령문

> **3분 비법**
>
> 명령문:
> 찾는 법: 보통 <u>주어가 없이</u> 동사부터 시작한다.
> 해석: "**~라/ ~세요**"
> Sit down, please. 앉아라. 앉으세요.

명령문은 동사로 시작하는 문:
보통 주어가 없으나, 주어인 you가 있을 수 있다.
동사부터 시작하는 "1가지 순서"이다. (동사 + 목적어 + 목적어 + 보어)

① Go, please. 가라./ 가세요.
② Please, go. 가라./ 가세요.
③ Give me some water, please. 나에게 약간의 물을 주라./ ~ 주세요.
④ You give me a book. 네가 나에게 책 한 권을 주라./ ~ 주세요.
⑤ Bring me some milk, please. 나에게 약간의 우유를 가져 와라.
⑥ Be patient. 느긋해라.
⑦ Stop acting like a child. 어린이처럼 행동하는 것을 멈추어라.

명령문의 부정/ 수동태의 부정:
don't가 있으면, "마라/ 마세요"를 붙인다.
① Don't worry. 걱정하지 마라.
② Don't talk (to me) like that. 그렇게 (나에게) 말하지 마세요.
③ Don't be told what to study. 무엇을 공부할지를 말해지지 마세요.
  (무엇을 공부할지를 듣지 마세요.)

get을 사용한 수동태의 명령/ Let's로 시작하는 명령:
"get + 동사ed"는 수동태의 명령으로 한글로는 "~해라"로 해석한다.
"Let's + 동사"는 "~자/ ~시다"로 해석한다.
① Get dressed. 단장을 해라.
② Get washed. 씻어라.
③ Let's meet her. 그녀를 만나자.
④ Let's go. 가자/ 갑시다.

You가 들어간 명령의 표현:
"you"가 들어 간 경우도 "**~라, ~세요**"로 해석한다.
You do it. 네가 해라.

Exercise

정해진 구/절을 괄호로 하고, 동사를 찾고, 동사를 포함한 부분을 해석해 보세요.

Hint: Let's drink (to her success)! (그녀의 성공에) 건배합시다.
Please go ahead! 먼저 하시죠 (행동). 계속 하세요.

① Be nice.
② Be seated.
③ Get lost.
④ You be quiet.
⑤ You sit down.
⑥ You tell me what to study.
⑦ Consider it a safe place.
⑧ Please get those kids out of my room.
⑨ Show me all the interesting books you have.
⑩ Keep your hands off!
⑪ Let me think what to do.
⑫ Read to discover why we have the government.
⑬ Make your forecast based on the direction of the trend you have identified.

답:
① **Be** nice.   친절**해라**.
② Be **seated**.   앉으세요.
③ Get **lost**.   없어져라.
④ You **be** quiet.   너 조용해.
⑤ You **sit** down.   너 앉아.
⑥ You **tell** me what to study. 네가 무엇을 공부할지 나에게 말해.
⑦ **Consider** it a safe place.   간주해라
⑧ Please **get** those kids out of my room. 데려가라
⑨ **Show** me all the interesting books (you have). 보여주라
⑩ **Keep** your hands off! 너의 손들을 떼어라! = 손 대지 마세요.
⑪ **Let** me think what to do.   무엇을 할 것인지 내가 생각하게 해 주라.
⑫ **Read** (to discover) (why we have the government). 읽어라
⑬ **Make** your forecast (based) (on the direction) (of the trend) (you have identified).   너의 예측을 **해라**

3. 감탄문

> 3분 비법

감탄문은 보통 what/ how로 시작하며, 주어와 동사가 생략되고 쓰기도 한다.

감탄문:
감탄문은 감탄 부호 "!"가 있는 문이다.
wh~나 how로 시작하는 감탄문은 정해진 순서로 적혀 있다.
wh~와 how를 제외하면 1가지 순서로 적혀 있다.
"wh~/ how + **주어 + 동사**"

(ㄱ) **what**를 사용한 경우:
　　감탄문에서 what는 "얼마나"로 해석한다.
　　What + (a(an)) + 형용사 + 명사 + **주어 + 동사**

① What a beautiful flower it was!　　　그것은 얼마나 아름다운 꽃이었는지!

② What a lovely day (it is)!　　　얼마나 화창한 날인지!

(ㄴ) **How**를 사용한 경우:
　　감탄문에서 how는 "얼마나/ 정말"로 해석한다.
　　How + 형용사 or 부사 + **주어 + 동사**

① How beautiful it was!　　　그건 얼마나 아름다웠는지!

② Boy! How tall you are!　　　아이고! 너 정말 (키가) 크구나!

③ How kind she is!　　　그 여자는 얼마나 친절한지!

(ㄷ) 상대방의 표현을 그대로 일부나 전체를 반복 사용하여
　　 감탄으로 표현하는 경우가 있다.

① I am going home now.　　　Going home!　　집에 간다고!

② Sit down here.　　　Sit down here!　　여기 앉으라고!

Exercise

정해진 구/절을 괄호로 하고, 밑줄 친 부분을 해석해 보세요.

Hint: How kind (it was) of you (to say so)! 당신은 정말 친절하시군요 (그렇게 말씀하시니)!

① <u>How marvelous</u> (those flowers look)!
② <u>How well</u> she speaks!
③ <u>What a silly thing</u> to do!
④ <u>What a wonderful birthday</u> I am having!
⑤ <u>What beautiful roses</u>!
⑥ <u>What garbage</u>!
⑦ <u>What nonsense</u>!
⑧ <u>What idiots</u>!

답:
① 저 꽃들은 얼마나 놀랍게 보이는지!
② 그녀는 얼마나 말을 잘하는지!
③ 그것을 하는 것이 얼마나 우스꽝스러운 것인지!
④ 나는 얼마나 멋진 생일을 가지고 있는지!
⑤ 얼마나 아름다운 장미들인지!
⑥ 얼마나 쓰레기인지 (쓸데없는 말을 하는 군)!
⑦ 얼마나 어처구니가 없는지!
⑧ 얼마나 멍청이들인지!

Tips

요점: 주어와 동사가 없는 감탄문
감탄문은 주어와 동사가 없이 쓰이는 경우가 많다.

① How marvelous!
② What a silly thing to do!
③ What a wonderful birthday!
④ What beautiful roses!
⑤ What garbage!
⑥ What nonsense!
⑦ What idiots!

4. 도치문

4.1. 도치 1: 주어가 처음이 아닌 경우

> 3분 비법

> 주어가 되는 "명사, 명사구/절"이 문의 처음에 나오지 않는 것은 도치이다.

(ㄱ) **부사**는 주어가 아니다.

① **Luckily**, I met her on time.   운이 좋게도

② **Therefore**, he made it.   그래서

(ㄴ) **전치사로 시작하는 구/절**은 부사구/절로 주어가 아니다.
    전치사가 생략되는 경우가 있다. ④, ⑤

① (**In** the afternoon), I played soccer.   (오후에)
② (**In** the box) there was a snake.   (그 상자에)
③ (**On** Monday), we went there.   (월요일에)
④ (Last Monday) I met him.   (지난 월요일에)
⑤ (The following day), we left early.   (다음날에)

(ㄷ) **접속사로 시작하는 구/절**은 부사구/절로 주어가 아니다.

① (**When** I was watching TV), I heard the noise. (내가 TV를 보고 있을 때),

② (**Since** he was sick), we stayed home.   (그가 아파서),

(ㄹ) "**to동사**"가 문의 처음에 있으면 보통 부사구/절로 주어가 아니다.
    이때는 보통 쉼표가 있다. 해석은 보통 "~위하여"이다.

① (To meet him), I went to America.   (그를 만나기 위하여)

② (To study English), he went to New Zealand. (영어를 공부하기 위하여)

Exercise

정해진 구/절을 괄호로 하고, 주어를 찾아 블록 체로 만들어 보세요.

Hint: 주어가 아닌 것이 문의 처음에 나오면, 쉼표로 알려주는 경우가 많다.

문제의 ① ~ ⑧까지 모두 쉼표가 있다.

주어는 블록 체로 표시하였다.

① With the homework complete, I went out to play soccer.
② On arriving home, we felt safe.
③ On hearing the news, we were all surprised.
④ Instead, she wrote poems about animals and other elements of nature.
⑤ In 1945, the United Nations was created.
⑥ To understand this book, you have to go back to the beginning.
⑦ When the train reached a steady speed, he grew calmer.
⑧ When the Indian listened for horses, he put his ear to the ground.

답:

① (With the homework complete), **I/** went out to play soccer.

② (On arriving home), **we/** felt safe.

③ (On hearing the news), **we/** were all surprised.

④ Instead, **she/** wrote poems about animals and other elements of nature.

⑤ (In 1945), **the United Nations/** was created.

⑥ (To understand this book), **you/** have to go back to the beginning.

⑦ (When the train reached a steady speed), **he/** grew calmer.

⑧ (When the Indian listened for horses), **he/** put his ear to the ground.

4.2. 도치 2: 주어가 동사 뒤에 나온 경우

> 3분 비법

주어가 문의 처음에 나오지 않고, **동사나 조동사 뒤**에 오기도 한다. (도치문)

주어가 동사 뒤에 있는 문:

(ㄱ) **"전치사"가 처음에 나올 때:** 주어가 동사 뒤에 있다. "괄호 + 동사 + 주어"
① (After a storm) comes a calm. (폭풍 후에)
② (After the speech) came the songs and displays. (그 연설 뒤에)
③ (Between the tables) was a big box. (그 책상들 사이에)

(ㄴ) **There is (seems, appear, live 등)/ here is (are):** 주어가 동사 뒤에 있다.
① **There is** a book (on the table). 책 한 권이 (책상 위에) 있다.
② **There seems** (to be a big problem). (한 개의 큰 문제가 있는 것)으로 보인다.

(ㄷ) **부정의 표현이 처음에 나올 때:** "조동사 + **주어** + 동사 ... "가 된다.
부정의 표현: not, no sooner, scarcely, never, rarely 등 ☞ p.120
No sooner ~ (than): (보다 ~더 빠르지 않았다) = ~자마자 ~하다
Scarcely ~ (when/ before): (때에/ 전에) 겨우 ~하다 = ~자마자 ~하다

① **Not** (until I achieved my goal) did I stop working.
   (내가 나의 목표를 달성할 때까지) 나는 일하는 것을 멈추지 **않았다**.

② **No** sooner had he seen me (than he ran away).
   그가 나를 더 빨리 보지 **않았다** (그가 도망간 것 보다)
   = 그는 나를 보자마자 도망갔다.

③ **Scarcely** had we left my house (when my car broke down again).
   우리는 **겨우** 나의 집을 떠났었다 (나의 차가 다시 고장이 났을 때에)
   = 우리가 내 집을 떠나자마자 내 차가 고장이 났다.

(ㄹ) 부정문에 대해 부정의 답을 할 때:
I don't want (to go now). 나는 원하지 **않는다** + (가는 것)을.
Neither do I. = Nor I either. = Nor do I. 나도 하지(가기) **않는다**.

Exercise

정해진 구/절을 괄호로 하고, 주어에 블록 체를 해 보세요.

Hint: 부정이 표현이 분의 처음에 오면 주어의 위치에 주의한다.

    Never will I do.   결코 ... 아니다
    He drank milk and so did I.   그는 우유를 마셨고, 나도 그렇게 했다.

① Among the best-known are nylon, polyester, and acrylic fibers.
② In the center of the room was a big table.
③ Once upon a time there lived a poor boy.
④ On the table there were three books that I have been looking for.
⑤ Hardly ever is there a Hyundai on my street.
⑥ With whom did you talk yesterday?
⑦ Hardly ever do I go to school every day.
⑧ Once upon a time, there lived a poor old man in a small town.
⑨ Not until today did she change her mind.
⑩ Never will I do that again.
⑪ No longer is he living us.
⑫ Neither of them has ever had a computer.
⑬ Under no circumstances will he meet his wife again, will he?

답:

① (Among the best-known)are **nylon, polyester, and acrylic fibers**.
② (In the center) (of the room) was **a big table**.
③ Once upon a time there lived **a poor boy**.
④ (On the table) there were **three books (that I have been looking for)**.
⑤ Hardly ever is there **a Hyundai** (on my street).
⑥ (With whom) did **you** talk yesterday?
⑦ Hardly ever do **I** go to school every day.
⑧ Once upon a time, there lived **a poor old man** (in a small town).
⑨ Not (until today) did **she** change her mind.
⑩ Never will **I** do that again.
⑪ No longer is **he** living us.
⑫ **Neither (of them)** has ever had a computer.
⑬ (Under no circumstances) will **he** meet his wife again, will he?

싱가폴은 영어를 공용어로 쓴지가 50여년 정도 밖에 되지 않고, 스코트랜드의 일부지역은 영어를 사용한지가 200년 정도 밖에 되지 않는다.

K. 혼동되는 해석에 대한 비밀과외

1. 한 개의 표현이 여러 의미인 경우

혼동되는 표현들: wh~, 동사ing, 동사ed, to동사, 전치사, that

	명사구/절	형용사구/절	부사구/절	기타
(ㄱ) wh~:	것/가/지	ㄴ/ㄹ	에/에서	질문
(ㄴ) 동사ing:	것	ㄴ/ㄹ	서, 며, 에, 접속사+동사	
(ㄷ) 동사ed:		ㄴ	접속사 + 동사	과거
(ㄹ) to 동사:	것	ㄹ/ㄴ	여/ 서/ 러	
(ㅁ) "전치사 + 명사, 명사구/ 절":		ㄴ	에/에서, ㅔ	
(ㅂ) that:	것/ 다고/ 라고	ㄴ/ ㄹ	여	저것/ 저

(ㄱ) wh~:
① I do not know (what you mean). (네가 의미하는 **것**)을
② Did you meet the man (whom I love)? (내가 사랑하**는**)
③ I met the man (when I was (in Paris)). (내가 (파리에) 있을 때**에**)
④ <u>What</u> did you say? 무엇을 ~ 질문에 사용

(ㄴ) 동사ing:
① I like (watching TV). (TV를 보는 **것**)을
② I found Mary (using my telephone). (사용하는 **것**)을
③ I know the man (begging) (on the street). (구걸하**는**)
④ (Watching TV), I studied English. (TV를 보**며**),

(ㄷ) 동사ed:
① I bought a TV (made) (in China). (만들어**진**)
② (Elected president), he held a press conference. (대통령에 선출되자)
③ I <u>worked</u> every day. 일했다 ~ 동사의 과거

(ㄹ) to 동사:
① I like (to watch TV). (TV를 보는 **것**)을
② I know a good place (to live in). (**살**)
③ I visited Seoul (to meet my son). (나의 아들을 만나**러**)

(ㅁ) "전치사 + 명사, 명사구/ 절":
① I know the man (in the red jumper). (그 빨간 점퍼를 입**은**)
② I met him (in the park). (공원**에서**)

(ㅂ) that: 것/ 다고/ 라고   ㄴ/ ㄹ   여   저것/ 저
① Do you believe (that he is a millionaire)? (그가 백만장자인 **것**)을
② Do you know (that it boils (at 100 degrees))? (그것이 (100도에서) 끓는**다고**)
③ Have you bought the thing (that I wanted (to buy))? (내가 (사기)를 원했**던**)
④ I studied very hard <u>so (that</u> I could get a job). (내가 직업을 얻을 수 있**도록**)

1.1. wh~의 해석

(ㄱ) 물음표가 없는데, **wh~가** "첫 괄호"이면 명사구/절로 "것/지"로 해석한다.
① (What you want) is important.　　　　(네가 원하는 **것**)이
② (What you want) is (what I want).　　(네가 원하는 **것**)이, (내가 원하는 **것**)
③ I do not know (why you did it).　　　(네가 왜 그것을 했는**지**)를

(ㄴ) wh~ 앞에 명사가 있으면, "wh~"는 관계사로 모두 "ㄴ/ㄹ/의"로 해석한다.
　　　(who, whose, whom, what, which, when, where, why, how, 전치사+ wh~)
① The money (**wh**ich you stole) is mine.　　　　(네가 훔**친**) 그 돈
② The time (**wh**en you met him) was on November 25.　(네가 그를 만**난**) 때는
③ I know the place (**in which** you stay).　　　(네가 머무**는**) 그 장소

주의: ③처럼 (전치사 + which) 역시 관계사로 모두 "ㄴ/ㄹ"로 해석한다.
또한 관계사가 생략되어도 생략된 부분에 관계사가 있다고 생각하고 해석한다.

　　The place　　　(where I stay)　　　그 장소 + (내가 머무**는**)
　= The place　　　(at which I stay)　　그 장소 + (내가 머무**는**)
　= The place　　　(　　　　I stay)　　　그 장소 + (내가 머무**는**)

(ㄷ) **wh~가** 질문에 쓰이면, wh~는 문의 처음에 있다.

① **What** do you want?　　　　　　　무엇을 너는 원하니?
② **What** kind of job do you want?　　너는 무슨 종류의 직업을 원하니?

(ㄹ) wh~가 접속사 (when 때에, while 동안에)이면 부사절로 괄호를 만들고,
　　괄호는 문의 처음 또는 끝에 있다.

① (**Wh**en I met her), she was watching TV.
　　(내가 그녀를 만났을 때에), 그녀는 TV를 보고 있었다.

② (**Wh**ile I was in Seoul), I lived (with her).
　　(내가 서울에 있는 동안에), 나는 그녀와 살았다.

1.2. "동사ing"의 해석

(ㄱ) 동사ing가 문의 각 구성에서 처음에 나오면 **명사구/절로 "것, 다고/ 라고"**이다.
① (Singing) is my favorite hobby.　　　　　　　　(노래하는 **것**)은
② I hate (singing).　　　　　　　　　　　　　　　(노래하는 **것**)을

(ㄴ) 동사ing/ 동사ed는 명사의 뒤에 있으면 **형용사구/절로, "ㄴ"**으로 해석한다. ①
　　예외로, 원래 형용사인 "동사ing/ 동사ed"는 명사의 앞에 있다. ②
① The cute little girl (**sleeping**) (on the sofa) is my sister. (잠자는) 소녀
② I do not think there is a **flying** tiger.　　　　　　　(나는) 호랑이

(ㄷ) (동사ing)가 쉼표와 같이 있으면, (동사ing)는 **부사구/절**이 되어
　　접속사의 의미를 넣어 "**때, 동안에, 때문에, 라도, 면 ... 등**"으로 해석한다.
① (Mary drinking milk), I read the newspaper. (Mary가 우유를 마시는 동안에),
② (Eating rotten apples), I was sick.　　　　(썩은 사과들을 먹었기 때문에),

(ㄹ) 전치사 뒤에 오는 동사ing는 항상 **명사구/절**이 된다. 전치사 ☞ p.59
　　I am (**against** (driving fast)). 나는/ 이다 + ((빨리 운전하는 것)에 반대)

(ㅁ) 형용사 (busy, worth, fortunate) 뒤에 오는 동사ing는 해석에 주의한다.
be + 형용사 (busy, worth, fortunate) + (동사ing)
He was busy (studying English).　　　그는/ 바쁘다 + (영어를 공부하기**에**)
It is worth (buying).　　　　　　　　그것은/ 가치가 있다 + (살 **만한**)
Seoul is fortunate (having the park).　서울은 운이 좋다 + (그 공원을 가져**서**)

(ㅂ) 다음처럼 정해진 표현 뒤에만 오는 동사ing의 표현은 "**~것에/ 데, ~며**"이다.
have + (a time, difficulty, problem, trouble) + 동사ing
waste/ spend + (a time, money) + 동사ing
① He has difficult time (finishing his homework).(그의 숙제를 끝내는 **것에**)
② I wasted time (making it).　　　　　　　　　　(그것을 만드는 **것에**)

(ㅅ) 동사 (sit/ stand, go/ come, lie 눕다) 뒤의 **동사ing**는 "**~며**"로 해석한다.
I sat there (sipping tea).　　　　　　　　　　　(홍차를 마시며)

(ㅇ) 동사 (find, discover, catch, leave) 뒤에 "목적격 + **동사ing**"가 오면,
　　동사ing의 해석은 "**~가 + ~것을/ 도록**"이다.
I caught **her** (drinking Coke). 나는/ 잡았다 + **그녀가** (콜라를 마시는 **것**)을

1.3. "동사ed"의 해석

(ㄱ) "동사ed"는 <u>과거시제</u>를 나타내는 **동사**로 "ㅆ"으로 해석한다.

① I **worked** all day.   일**했**다
② I **introduced** him to my parents.   소개**했**다

(ㄴ) "동사ed"가 <u>명사 뒤</u>에 있으면, **형용사구/절**로 "**~ㄴ**"(수동, 완료)으로 해석되지만, 주로 수동의 의미로 "~당한, ~된, ~진 ..."으로 해석한다. ☞ p.84
There was a <u>room</u> (crowded) (with people).
(사람들로) (꽉 채워진) 한 개의 방이 있었다.

(ㄷ) "동사ed"가 쉼표와 같이 있으면, "접속사 + 수동"으로 해석한다.
이때 과거분사 (동사ed)는 괄호로 문의 처음/ 끝에 온다.

① (<u>Hit</u> (by the drunken driver)), Sam was hospitalized.
((술 취한 그 운전수에 의하여) 치였기 때문에), Sam은 입원되었다.

② (<u>Eaten</u> (by a big fish), the tin soldier was scared.
((한 마리의 큰 고기에 의해) 먹히었기 때문에) 그 양철 군인은 무서웠다.

(ㄹ) "동사ed"가 **형용사**이면, 보통 명사의 앞에 오며 "ㄴ"의 의미로 해석한다.
이때 "동사ed"는 형용사이므로 구/절이 아니고 괄호도 하지 않는다.
① curved mirrors   굴곡**진** 거울들
② fallen debris   떨어**진** 파편

(ㅁ) 조동사 have/ be 뒤에 있는 과거분사는 문의 "기본 동사"이다. ☞ p.72, 84

① I <u>have opened</u> the window.   열었다
② I <u>had opened</u> the window before.   열었었다
③ The door <u>was opened</u>.   열렸다
④ 비교: I <u>opened</u> the window.   열었다
예 ④에서 opened는 open의 과거로 "ㅆ"의 의미로 해석된다. ~열었다

1.4. "to 동사"의 해석

괄호인 (to 동사)는 보통 명사구/절, 형용사구/절, 부사구/절 중 하나로 해석한다.
(ㄱ) (to 동사)가 명사구/절이면, "첫 괄호"가 되며 해석은 "~것"이 된다.
   (To eat an apple a day)/ is a good habit.(하루에 한 알의 사과를 먹는 것)은/

(ㄴ) (to 동사)가 <u>명사의 뒤</u>에 오면 형용사구/절로 "~ㄹ/ㄴ"이 된다.
   He/ is <u>the man</u> (to meet).   (만날) 그 사람
   He is <u>the man</u> (to be meeting).   (만나는) 그 사람
   He is <u>the man</u> (to have met).   (만난) 그 사람
   He is <u>the man</u> (to be chosen) (for the job). (선택될) 그 사람

(ㄷ) (to 동사)가 <u>문의 끝</u>에 오면 "여/ 서/ 러"로 해석한다.
   ① I meet him (to learn English) every day.   (영어를 배우기 위하**여**)
   ② I am glad (to meet you).   (너를 만나**서**)

(ㄹ) (to 동사)가 <u>문의 끝</u> (형용사 뒤)에 위치하면 "여/서/에 ..."이다. ☞ p.142
   정해진 형용사: happy, sorry, easy, amazed, anxious, appalled, eager,
   disappointed, glad, pleased, relieved, reluctant, shocked, terrified, willing
   ① I am happy (**to** see you again).   나는/ 기쁘다 + (너를 다시 만나서)
   ② It is heavy (for me) (**to** lift).   그것은/ 무겁다 + (내가) (들기에)
   ③ It is <u>too</u> heavy (for me) (**to** lift). 그것은/ 너무 무겁다 + (내가) (들기**에**)

(ㅁ) (to 동사)는 아주 드물게 "~서"로 해석된다.
   ① He grew (to be a generous man). 그는 자라서 (관대한 사람이 되었다).
   ② I awoke (to find my purse gone). 나는 깨어서 (내 지갑이 없어진 것을 알았다)

(ㅂ) **감각 동사** (see, watch, hear, feel, smell)**뒤**의 to 동사는 to가 없이 쓰인다.
   to가 생략되어도 괄호로 처리한다.
   ① I/ saw her (**read** the book).   나는/ 그녀가 (그 책을 **읽은 것**)을 보았다.
   ② I/ saw her (**reading** the book). 나는/ 그녀가 (그 책을 **읽는 것**)을 보았다.

(ㅅ) **사역 동사** 뒤의 "to 동사"는 "to"가 없이 쓰이며, to가 없어도 괄호로 처리한다.
   I made her (play the piano).   나는 그녀가 (피아노를 치도록) 만들었다.

(ㅇ) to동사가 두 개의 쉼표 사이에 있으면, 쉼표를 "~데"로 해석한다.
   My goal, (to be an English teacher), will be accomplished soon.

1.5. 괄호 (전치사 + 명사)의 해석

전치사는 항상 구/절을 만들며, 형용사 또는 부사로 해석한다.

(ㄱ) 명사 뒤에 있는 (전치사 + 명사)는 형용사구/절로 (ㄴ/ 의)이다. ①, ②
　　　명사 뒤의 (전치사 + 관계사) 역시 형용사구/절로 (ㄴ/ ㄹ/ 의)이다. ③, ④
① a present (in the box)　　　　　　　　하나의 선물 (그 상자 안에 있**는**)
② chairman (of this company)　　　　　회장 (이 회사**의)**
③ This/ is the place (in which we study).　그 장소 (우리가 공부하**는**)
④ This/ is the place (in which we will study).　그 장소 (우리가 공부**할**)

(ㄴ) 문의 끝에 있는 (전치사 + 명사)는 부사구/절로 "에/ 에서, ~게 …"이다.
　　　(to school) 학교에　　　　　　　　(by five) 5시에
　　　(by bus) 버스로　　　　　　　　　(with him) 그와
　　　(in haste) 급하게　　　　　　　　(in detail) 상세하게
　　　He/ explained (to me) (in detail).　그는/ 설명했다 (나에게) (상세하게)

(ㄷ) 형용사 뒤에 있는 (전치사 + 명사)는 부사구/절로 "~여/서, 에, 을/를/이"로
　　　해석한다. 역시 문의 끝에 있다. am(are, is) + 형용사 + (전치사 + 명사)

① He/ is interested (in meeting him). 그는/ ~다 +관심이 있는+(그를 만나는 것에)
① I am jealous (of you).　　　　　　　나는/ ~다 + 질투한 + (너를)
② I am fond (of it).　　　　　　　　　나는/ ~다 + 좋 + (그것을)

(ㄹ) be 동사 뒤에서 **보어**가 된다.

① He is (in Seoul).　　　　　　　　　그는/ 있다 + (서울에)
② The apples are (in the box).　　　　그 사과들은/ 있다 + (그 상자에)

(ㅁ) (전치사 + wh~)이면 구/절이다.
　　　전치사가 ②, ③, ④처럼 문의 끝에 올 수 있고 이것은 (전치사 + wh~)와 같다.

① (About what) did he talk?　　　　　(무엇에 대하여)
② What class are you in?　　　　　　(무슨 반에)
③ What are you talking about?　　　　(무엇에 대하여)
④ Whom are you talking to?　　　　　(누구에게)

1.6. that의 해석

(ㄱ) **정해진 동사 뒤의** that는 명사구/절로 "~것/다고/라고"이다. ☞ p.55
　　동사: think 생각하다, hope 희망하다, believe 믿다, ask 묻다, know 알다
① I think (that politicians are not honest).　　(정치인들은 정직하지 않**다고**)
② He hopes (that his son studies hard). (그의 아들이 열심히 공부 하는 **것**)을
③ He believes (that he will meet Jane soon).　　(그가 곧 Jane을 만날 **거라고**)
④ I suppose (that my daughter will visit me).　(내 딸이 나를 방문할 것이**라고**)

(ㄴ) **명사 뒤의 that**는 형용사구/절로 "ㄴ/ㄹ"로 해석한다.
The book (that I have read) is the one (that I borrowed (from my teacher)).
그 책 (내가 읽은)　　　　　　그 것 (내가 빌린 (나의 선생님으로부터))

주의: 다음과 같은 **명사의 뒤**는 거의 that가 오며 that는 "ㄴ/ㄹ"로 해석한다.
idea 생각, fact 사실, belief 믿음, theory 이론
We/ must face the fact (that he committed a crime).
우리는/ 직시해야한다 +그 사실을 (그가 한 건의 범죄를 저질렀다**는**)

(ㄷ) 정해진 **형용사 뒤의 that**는 부사구/절로 "~여/ 서/ 을/ 에/ 도록"이 된다.
형용사: happy 행복한, sorry 유감인, sure 확실한, afraid 유감인
문법적으로 형용사 뒤의 that는 "형용사의 보어"로 부르기도 한다.
- be동사 + 형용사 + 괄호 (that~) ☞ p.142
  I am very happy (that he is alive).　　　　　　(그가 살아 있어서)
- be동사 + so + 형용사 + (that ~) ☞ p.140, 141　아주 ~하여서 (~다)

(ㄹ) it~ + (that ~)에서는 it를 해석하지 않고 **(that ...)를 주어로 해석한다.**
보통 be동사 뒤에 특별한 형용사가 있다.
특별한 형용사: likely/ unlikely, possible, clear, certain, sure
It/ is possible (that I will marry her tomorrow). (내가 내일 그녀와 결혼하는 것)이

(ㅁ) 두개의 쉼표 사이에 있는 that~는 (~데)로 해석한다.
His calculation, (that two times three is seven), is not correct.
그의 계산은, 2 곱하기 3은 7인데, 정확하지 않다.

(ㅂ) 괄호가 아닌 that는 "저/ 저것"의 의미가 있다.
① That book/ is mine. 저 책　　　　I love that man.　저 남자
② That/ is mine.　　　저것　　　　I love that.　　　저것

2. 부사의 위치

- (ㄱ) **(몇 번?)에 대한 답에 쓰이는 표현: "일반 동사"의 앞, be동사의 뒤**에 있다.
  always 항상, usually 보통, often 자주, sometimes 가끔,
  rarely 거의 ... 아니다, seldom 거의 ... 아니다, never 전혀

- (ㄴ) **불확실한 시간을 나타내는 부사: 동사의 앞**에 있다.
  recently 최근에, already 벌써, again 또, finally 결국에, first 처음에

- (ㄷ) **"매우"같은 강조부사: 형용사, 동사, 다른 부사의 앞**에 있다.
  very, so, absolutely 전적으로, completely 완전히, only 단지,
  greatly, deeply, badly, terribly, totally 아주, 매우
  quite 아주, 완전히, just 바로, 마침, really 정말로, simply 아주, 완전히

- (ㄹ) **"거의/ 충분히"같이 정도를 나타내는 부사: 동사의 앞**에 온다.
  almost 거의, largely 거의, nearly 거의, virtually 사실상
  예외로, 정도부사 중 거의 본동사 뒤에 오는 것이 있다.
  altogether 전혀, hard 충분히, 매우, somewhat, well, tremendously

- (ㅁ) **감정이나, 방법(상황)을 표현하는 부사: 동사의 앞/ 뒤**에 온다.
  abruptly, accurately, alone, angrily, badly, beautifully, carefully,
  correctly, fluently, happily, naturally, nervously, wonderfully,

- (ㅂ) **문을 연결하는 부사: 보통 문의 맨 처음**에 온다.
  강조: that is to say, indeed
  첨가: additionally, moreover, in addition, furthermore, besides
  대조: however, nevertheless, instead, on the other hand
  원인, 결과: then, thus, accordingly, therefore, hence, as a result, so
  시간: afterwards, later, then, finally
  예: for example, that is
  열거: first, firstly, second, secondly, next, finally

- (ㅅ) **방법, 장소, 시간을 나타내는 부사: 문의 끝**에 오며, "ㅔ/ ㅣ"로 끝난다.
  비교: 부사구/절은 거의 문의 끝에 오며, 보통 "ㅔ/ ㅣ, 여/서"로 끝난다.
  quick 빠르게, 빨리,   (in haste) 빠르게, 빨리
  (to drink milk)   (우유를 마시기 위하여),
  (that I like movies)   (내가 영화를 좋아하여서)

3. 쉼표의 해석

(ㄱ) **쉼표는 and나 or를 대신한 표현**이다. 그래서 and를 대신한 쉼표는 "(그리)고, 과"로 해석하고 or를 대신한 쉼표는 "또는/ 거나"로 해석한다.
① I bought apples and pears.　　　　　　　사과들과 배들
② I bought bananas, apples, and pears.　　바나나들, 사과들과 배들
③ I will buy beef, pork, or lamb today.　　소고기, 돼지고기 또는 양고기

(ㄴ) 관계사 which, that는 **쉼표가 있는 표현과 없는 표현에 해석의 차이**가 있다.
　　명사 뒤에 나오는 "쉼표 + which"에서 쉼표는 "~데"로 해석한다. ①, ②, ③
　　명사 뒤에 나오는 which/ that는 쉼표가 없으면 "ㄴ/ㄹ"로 해석한다. ④
① I kept cats, (which were all killed (by the dog)). 나는 고양이들을 길렀는데, ~
② He spent lots of money, (which surprised me). 그는 많은 돈을 썼는데, ~
③ We met Mr. Kim, (who owned a restaurant).　우리는 김 씨를 만났는데, ~
④ The animal (which was sold)/ would be slaughtered. (팔린) 그 동물은/ ~

(ㄷ) so (that)의 앞에 쉼표가 있으면, 쉼표는 "그래서"이고, ①
　　so (that)의 앞에 쉼표가 없으면, 괄호 (that)를 "위하여"로 해석한다. ②
① I/ work hard, so (that they can enjoy a comfortable life). **,그래서** (그들은 ~)
② I/ work hard so (that they can enjoy a comfortable life). (그들이 ~ **위하여**)
③ 비교: I was **so** excited (that I could not see the present).나는 아주 흥분하여

(ㄹ) 두개의 쉼표가 있으면, 쉼표는 "~데"로 해석한다.
① Your goal, (to become an actor), needs some money. ,(배우가 되는 것인데),
② Henry, a clever old man, lives next to my house.　　　,현명한 노인인데,
③ King Sejong, (who was a great king), invented Hangul. ,(위대한 왕이었는데),

(ㅁ) "동사ing/ 동사ed + 쉼표"는 접속사의 의미를 넣어 해석한다.
① (Driving too fast), he had an accident.　　(운전을 너무 빨리 했기 때문에),
② (Having no money), he had to get a job.　(돈이 없었기 때문에),

(ㅂ) 쉼표는 **특별히 다른 부분과의 구별**을 위해 쓰인다.
① (To be a farmer), he went to his hometown.　　(농부가 되기 위하여),
② 비교: (To be a farmer)/ is out of the question.　(농부가 되는 것)은/
③ We, too, lead diverse lives, yet we are held together by common threads.

4. as ~ (as), so (that), so ~ (that), such ~ (that)

as ~ (as ~), so ~ (as ~)의 해석:
해석의 방법: 뒤의 as만 괄호로 한다.
해석: 앞의 as나 so는 "그렇게", 뒤는 "~ 처럼"으로 해석한다.
as soon (as ~), so long (as ~)
as much (as ~), as many (as ~)
as good (as ~), as well (as ~)

① He is as brave (as his brother).   그는 (그의 형**처럼**) 그렇게 용감하다.
② My sister is as smart (as you).   나의 동생은 (너**처럼**) 그렇게 영리하다.
③ He is as brave (as his brother says).

so (that ~), so ~ (that ~), such (that ~)의 해석:

so (that ~) 이 붙어 있는 경우:
- **쉼표가 있을 때:**
  "so (that ~)"의 (that ~) 앞에 쉼표가 있으면 "so (that ~)"을 "서"로 해석한다.
  The weather was bad, so (that we could not go out). 날씨가 나빠서, ~

- **쉼표가 없을 때:**
  so (that ~) 앞에 쉼표가 없으면 "so (that ~)"을 "위하여, 도록"으로 해석한다.

① He turned on the light so (that I could read the book).
   (내가 그 책을 읽을 수 있도록) 그는 불을 켰다.

② I have been working hard so (that my family can enjoy a convenient life).
                  (나의 가족이 편안한 생활을 즐길 수 있도록)

so나 such가 (that ~)과 떨어진 때: so는 "아주", such는 "그렇게"로 해석한다.
so ~ (that ~): 아주 ~서 (~하다)
They are **so** light (**that** they hang (in the air) and make a cloud).
그것들은 아주 가벼워서(그것들은 (공기에) 머물러 구름을 만든다)

such ~ (that ~): 그렇게 ~서 (~하다)
It was such bad weather (that we stayed home).
그렇게 나쁜 날씨여서 (우리는 집에 머물렀다).

5. be + 형용사 + (to동사)/ (동사ing)/ (that절)/ (전치사)

~ be + 형용사 + "to동사/ 동사ing/ that절/ 전치사" 는 똑 같이 해석된다.
해석: 여/ 서/ 니, 을/ 를/ 이

(ㄱ) be + 형용사+ (to동사)/ (that ~)

- be +형용사 + (to/ that ...)에 쓰이는 형용사
  (glad, excited, confident, sure, sorry, angry, amazed, certain, delighted, disappointed, happy, pleased, shocked)

- be +형용사 + (to ...)에 쓰이는 형용사
  (difficult, appalled, eager, easy, hard, reluctant, thrilled)

① He/ is glad (<u>to see us</u>).　　　　　　(우리를 만나서)
② He is glad (<u>that</u> his son won the piano competition).
　　　　　　(그의 아들이 그 피아노 시합에서 우승하여)
③ I/ am so excited (<u>to hear</u>) (from you).　　(들어서)
④ She/ was reluctant (<u>to ask</u> (for help)).　　(도움을 요청하는 것)을
⑤ Kim is confident (<u>that</u> she will finish it soon).
　　　　　　(그녀가 그것을 곧 끝낼 것)을
⑥ He/ is difficult (<u>to deal with</u>).　　　　(상대하기에)

(ㄴ) be + 형용사+ (동사ing): 형용사 busy, fortunate, worth가 있을 때 사용된다.

① I was fortunate (having it).　　　　(그것을 가져서)
② It might be worth (reading).　　　　(읽기에)

(ㄷ) be + 형용사 + (전치사)
am, are, is + 형용사 + (전치사 about/ at / for/ from/ in/ of/ on/ with/ to ...)

① I am sorry (<u>about that</u>).　　　(저것에 대하여)
② He is fond (<u>of playing the piano</u>).　(피아노를 연주하는 것)을
③ He is interested (<u>in meeting him</u>).　(그를 만나는 것에)
④ She is afraid (<u>of spiders</u>).　　　(거미들)을

6. 전치사/ 부사로 쓰이는 단어

한 단어가 전치사/ 부사로 쓰이면, 의미가 같거나 비슷하여 혼동되는 경우가 있다.
전치사는 항상 구/절이 되어, 괄호를 만든다.
부사는 구/절이 되지 않아서 괄호를 만들지 않는다.
부사가 동사와 함께 쓰여, "완전히"의 의미가 되면, 보통 해석을 하지 않는다.

(ㄱ) **in**
전치사: ~에 (서는)   Your present is (in the box).   (상자 안에)
　　　 (시간) 지나서   I will be there (in thirty minutes). (30분 후에)

부사 : 안에 (으로)   Please come in.   안으로

(ㄴ) **on**
전치사: ~에 (~위에, ~때에, ~도중에): (on the table)   (책상 위에)
　　　　　　　　　　　　　　　　　　 (on Monday)   (월요일에)
　　　　　　　　　　　　　　　　　　 (on fire)   (불 위에/ 불타는)
　　　 ~에 대하여   (on the subject)   (주제에 대하여)
부사: 위에   put ice on   얼음을 위에 올리다

(ㄷ) **down**
전치사: 아래로: run (drive, walk) (down the street)
부사: 아래로: come down   온다   아래로
                        fall down   떨어진다 아래로
                        pull down   당기다   아래로
        완전히: hunt down   추적해 잡다

(ㄹ) **up**
전치사: 위에, 위로, 위쪽으로   I walked (up the street). (거리 위로)
부사: 위로, 위에   look up (at the sky)   보다 위로
        완전히: eat up your pizza   먹다
                                drink up   마시다
                                clean up   깨끗이 하다

(ㅁ) **about**
전치사: 대하여   (about the people) 그 사람들에 대하여
부사: 약, 대강   (about twenty people) 약 20명의 사람들

7. 접속사/ 전치사로 쓰이는 단어

접속사와 전치사로 같이 쓰여 혼동되는 단어:

as 때에, 때문에, ~처럼　　　as/so ~ (as) 괄호의 as는 "처럼/ 같은" ☞ p.141
비교: like 처럼/ 같은, 좋아하다
since 이래로, 부터, 때문에　　　　for 동안, 위해, 왜냐하면
when 언제, 때(에), 면　　　　　　while 동안에, 일지라도
before 전에, 앞에　　　　　　　　after 후에, 뒤에

(ㄱ)　때에: (**As** I was reading the report), he arrived.
　　　때에: I will visit you (**when** the rain stops).
　　　때마다: The roof leaks (**whenever** it rains).

(ㄴ)　때문에: (**As** I had nobody to talk to), I watched TV.
　　　때문에: (**Because** I had nobody to talk to), I watched TV.
　　　때문에: (**Since** the weather is fine), we should go outside.
　　　왜냐하면: I took the tablet, (**for** I was sick).

(ㄷ)　처럼: I was sitting there (**as** I liked him).　　(내가 그를 좋아한 것처럼)
　　　처럼: He is as busy (**as** a bee).　　　　　　　(한 마리의 벌처럼)
　　　같은: I saw an insect (**as** a worm)　　　　　　(한 마리의 벌레 같은)
　　　같은: It was (**like** an insect).　　　　　　　　(한 마리의 곤충 같은)
　　　비교: like: 동사 ~ 좋아하다　　　　　　　　　　Do you **like** me?

(ㄹ)　부터: I have studied English (**since** 1979).
　　　동안에: I have lived in Seoul (**for** ten years).
　　　동안에: He watched TV (**while** I was reading a book).

(ㅁ)　반하여: These are very cheap, (**whereas** those are expensive).
　　　일지라도: (**While** I don't like him), I let him stay in my house.

(ㅂ)　위하여: I bought it (**for** my mother).
　　　비교: 위하여/ ~러: I went to America (**to** marry her).

(ㅅ)　전에 He left Seoul (**before** me).　　　(**Before** he ate that pizza), I ate it.
　　　후에 I met him (**after** lunch).　　　　I met Sam (**after** I talked (with my son)).

8. 접속사/ 부사, 기타로 쓰이는 단어

(ㄱ) immediately   부사의 의미: 곧
                      접속사의 의미: (~ 자 마자)

① Immediately (after we left), it began to snow.   (우리가 떠난 후) 곧,
② (Immediately we left), it began to snow.   (우리가 떠나자마자),

(ㄴ) once   부사: 한번
               접속사: ~자 마자 , 일단 ~면,

① I have met him once.
    나는 한 번 그를 만난 적이 있다.

② (Once it becomes known), they will be surprised.
    (일단 그것이 알려지게 되면), 그들은 놀랄 거야.

③ (Once you meet me), you will understand me.
    (일단 네가 나를 만나면), 너는 나를 이해할거야.

(ㄷ) directly   부사: 똑바로, 직접. 곧, 즉시. 바로
                접속사: ~자마자 (as soon as)

① Do this work directly.   이 일을 곧 해라.
② Directly (after the meeting) we drank together.   (회의가 끝난 후) 곧
③ (Directly he arrived), we went to his office.   (그가 도착하자마자)

(ㄹ) every time   접속사: 할 때마다
(Every time I meet her). she wears a red shirt. (내가 그를 만날 때마다),

(ㅁ) provided   접속사: ~면,
                 동사: 제공했다 ~ 동사 provide의 과거

① I will go fishing (provided that it is fine tomorrow).   (날씨가 좋으면)
② They provided us with milk.   제공했다

9. of의 해석

(Of + 명사)를 해석하는 방법:

(ㄱ) of는 **"의"**로 해석한다.
① He is a friend (of mine).　　　　　　　(나의 친구들 중의)
② He is a member (of the student union).　(학생회의) 한 일원

(ㄴ) of 앞에 형용사가 오면 **"여/서/을/를/이"**로 해석한다. ☞ p.142
　　"be + 형용사 + (of ~)"
① I am ashamed (of him.)　　　　　나는 (그를) 부끄러워한다.
② He was jealous (of me).　　　　그는 (나를) 질투하였다.

(ㄷ) **혼동되는 of의 해석:** 드물게 of 앞을 "~같은"으로 해석한다.
① an angel (of a girl)　　　　　천사 같은 소녀
② a mountain (of a wave)　　　산 같은 파도

(ㄹ) **of 앞이 "수/양"을 표현할 때** (a number of, a lot of, plenty of, a lot of, a few of)는 of를 특별히 해석하지 않아도 된다. 이때는 보통 of의 앞을 괄호로 한다.
　　(one kilo of) apples　　　　　(일 키로의) 사과들
　　(a cup of) coffee　　　　　　(한 잔의) 커피
　　(one third of) the students　　(1/3의) 학생들
　　(the majority of) the students,　(some of)the money
　　(all of) the people,　　　　　(a glass of) milk

① I met (a lot of) people there.　　나는/ 만났다 + (많은) 사람들을 그곳에서
② He ate (a piece of) pizza.　　　나는/ 먹었다 + (한 조각의) 피자를

　"많은"의 의미: many, much 처럼 "많은"의 의미로 같이 쓰이는 표현들이 있다.
　◦(a number of) dogs.　　　　(많은) 개들
　◦(the number of) people　　　(많은) 사람들
　◦(a lot of/ lots of) water　　　(많은) 물
　◦(plenty of) books　　　　　(많은) 책들

(ㅁ) sort of, kind of ~ 는 "종류"의 의미이다. 이때는 of의 앞을 괄호로 한다.
　　(two kinds of) animals.　　　　(두 종류의) 동물들

10. too ~ (to), enough (to), used to, have got to, have got

too ~ (to동사)의 해석: to는 괄호에 들어간다. too는 "너무"로 해석한다.

① He/ is **too** small (**to** be a basketball player).
그는/ 다 + 너무 작다 (한명의 야구 선수가 되기에)

② He/ drank spirits **too** much (**to** drive the car).
그는/ 마셨다 + 독주를 너무 많이 (차를 운전하기에)

"enough"의 해석: 형용사 ~ "충분한", 부사 ~ "충분하게, 충분히"로 해석한다.

① He/ is <u>strong enough</u> (to be a wrestler).
그는/ 이다 + 충분하게 강한 (한명의 레슬러가 되기에)

② He/ ran <u>fast enough</u> (to catch the thief).
그는/ 달렸다 <u>충분히 빨리</u> (그 도둑을 잡을 정도로)

③ That is enough.   그것은/ 이다 + 충분한

"used to", "have got to"는 둘 다 조동사로 뒤에는 동사가 온다.

| **used to 동사** | ~곤 했다. | **would** | ~곤 했다. |

① I used to go fishing (every Sunday).   나는/ 가곤 했다 +
② I would go fishing (every Sunday).   나는/ 가곤 했다 +

have got to = have to   ~야 한다.
I have got to go now.   나는 지금 가야 한다.

have got = have   가지고 있다.
I have got a computer.   나는 한 대의 컴퓨터를 가지고 있다.

rather 오히려, **had better = 'd better** 더 낫다, **would rather, might as well,**

① I like to drink milk **rather** (**than** coke).   오히려 ~ (~보다)
② You**'d better** go now.   더 낫다.
③ I **would rather** drink a cup of coffee.   오히려 ~ 싶다
④ You **might as well** stay here.   더 낫다

11. 비교의 표현: 원급, 비교급, 최상급
as/so ~ (as ~), ~er/ ~est의 해석

as ~ as 의 해석 = as ~ (as ~) 처럼 뒤의 as는 구/절로 괄호로 한다.
앞의 as/ so는 "그렇게/ 아주"로 해석한다.

① She was as beautiful (as snow).
　그녀는/ 이었다 + 그렇게 아름다운 (눈처럼)

② She drove the car as fast (as he could).
　그녀는/ 운전했다 + 그 차를 아주 빨리 (그가 운전할 수 있는 한)

③ She drove the car as fast (as the wind).
　그녀는/ 운전했다 + 그 차를 아주 빨리 (바람처럼)

~er ~ (than ~) = more ~ (than ~):　　더 ~ (~보다)
than ~은 전치사/ 접속사로 항상 구/절이 되어 괄호로 한다.

~er and ~er　　　　　　　　　더욱 더 ~
the ~er, the ~er　　　　　　　더 ~면, 더~

① My sister/ is smarter (than you).　　나의 동생은/이다 + 더 영리하다 (너보다)

② I kept (studying English) harder and harder.
　나는/ 계속했다 + (영어를 공부하는 것)을 더욱 더 열심히

③ the sooner, the better.　　　　　더 빠르면, 더 낫다.

the 형용사est = the most 형용사:　　가장 ~
부사 est = (most + 부사):　　　　가장 ~

① She is the smartest (in her class).　그녀는 (그녀의 반에서) 가장 영리하다.

② He runs fastest (in his class).　　그는 (그의 반에서) 가장 빨리 달린다.

추가 문제

- 독해: 종합 1 ~ 추가 문제 (문의 해석)

- 독해: 종합 2 ~ 추가 문제 (다양한 장르의 글)

독해: 종합 1 ~ 추가 문제 (문의 해석)

1. 문의 1가지 순서

① **They/** considered me (**to** be a coward).
② She heard it click on his teeth.
③ I tried to make him eat a little cereal.
④ He tried to fight off sleep.
⑤ This is a book about local governments.
⑥ He expects me to send his son a check for twenty dollars.
⑦ We discussed our postponing the meeting last night.
⑧ I believed that he had been studying at UCLA at that time.
⑨ Why do you think it is correct?
⑩ How would people spend their spare time?
⑪ That is no importance.
⑫ He got on the train.
⑬ We kept Charles off cigars.

2. 주어/ 목적어 찾기

① **All these revenues/** help (pay) (**for** such government services).
② Most of the population of the country live in Seoul.
③ One method of flood prevention is to reinforce coastal defences with huge slabs of concrete.

3. 문의 처음에 나오는 것이 주어가 아닌 것

① <u>Here are</u> **some tips**.
② After the war he remained in Tokyo to study paintings.
③ There are now over 5 billion people living in our world.
④ Start with something small that you can do easily.
⑤ On the deck, he was trying very hard to save the ship from the night storm.
⑥ To be taller, it is necessary that you eat nutritious food that your body needs to grow.

4. it의 다양한 표현

① It/ rains.
② It is cold.
③ It is my baby.
④ Tom! It's me.
⑤ It is easy to complete this work today.
⑥ It was my teacher that I met to discuss the matter yesterday.
⑦ It is difficult to make him laugh.
⑧ It is important to talk to them in English.

5. 구/절의 주어 1

① It/ is easy **(for us)** (to read the book).
② It is kind of you to give me that car.
③ It is intelligent of them to avoid that accident.
④ We advised them to go to bed by ten every night.
⑤ I forced him to polish my shoes.
⑥ It's hard for her to imagine, musicians coming out from the breakfast dance at eight in the morning.

6. 구/절의 주어 2 ~ 구/절의 주어가 안 보이는 경우

① It/ made me (smile).
② I made my car repaired.
③ I had the waiter clean the table.
④ I had the table cleaned.
⑤ I heard him laugh.
⑥ I saw him walk in the garden.
⑦ Sam helped me lift the box.

7. 보어 찾기 1 ~ be동사

Hint: what은 what 속에 수식되는 명사를 가지고 있어 한글로는 "것"으로 해석할 수 있다. ⑤, ⑥, ⑦

① I/ <u>was happy</u> (**to** see her).
② The book on the table is yours.
③ It was easy for me to read that kind of books.
④ He was sorry that I failed to pass the exam.
⑤ What she became surprised her parents.
⑥ I am very happy with what I have achieved.
⑦ That's what I called my brother.

8. 보어 찾기 2 ~ 특별한 동사: 보어로 형용사가 온다.

① It/ <u>remains</u> uncertain.
② He keeps busy.
③ It looks nice.
④ He keeps warm.
⑤ He stays sober.
⑥ It tastes awful.
⑦ He became a great politician.
⑧ It turned into a pretty princess.
⑨ My daughter married old.

9. 동사 1 ~ 특별한 동사

① I/ <u>had</u> the computer fixed right away.
② I had him staying with my family for sometime.
③ Maria had the water running in the swimming pool.
④ I want to have my daughter happy.
⑤ I helped Sam to pick up the book.
⑥ I helped Sam pick up the book.
⑦ I let him go right away.
⑧ I will get him to pick up fallen fruit.
⑨ He got my leg broken.

10. 동사 2 ~ 특별한 동사: 뒤에 정해진 전치사가 온다.

① He/ <u>accused</u> me (**of** telling a lie).
② Will your father consent to the marriage?
③ You have to comply with the rules of your school.
④ Please refer to Chapter 11.
⑤ The organization supplies the poor with food.
⑥ Vegetables provide us with many vitamins.
⑦ I refrained from smoking.
⑧ He tried to lay the blame on me for the accident.
⑨ My brother is capable of doing this work.
⑩ He informed me of his success.
⑪ Mark prevented me from going out.
⑫ I must take care of my brother.
⑬ I am looking forward to seeing you soon.
⑭ I insist on going home right away.
⑮ I waited for you to come.

11. 조동사

① You/ <u>should</u> think (**about** the meanings) (**of** the message) (**while** practicing grammar).
② The risk must have seemed almost suicidal.
③ My father had forbidden Judy to go fishing alone.
④ You should honor the commitment that you made to him.
⑤ You may think that you need to make a lot of effort to be healthy.
⑥ With this table you can trace population growth of each country and compare the population growth of different countries.
⑦ Congress has the power to decide how that money should be spent.
⑧ This book will show you the basics of Korean government so that you can understand how and why certain things are done.
⑨ In this chapter you will learn how the legislative and non-legislative powers of Congress affect your daily life.
⑩ Can you think of another way Congress might organize itself to assure that members would be responsible for party policies?

12. 형용사의 위치 및 해석

① Mr. Kim/ is a **kind, generous, and humorous** person.
② Beauty was a kind and clever girl.
③ There is a large square wooden table in the room.
④ The table is large and square.
⑤ American agricultural exporters will be coming here on Monday next week.
⑥ I think he is the man responsible for the crime.
⑦ The police are looking for a missing child.
⑧ Everyone will be taking part in the conference.

13. 부사의 위치 및 해석

① He/ likes drinking apple juice **very much**.
② I work part time.
③ I work full time.
④ He really liked his job.
⑤ I am home.
⑥ He always drinks apple juice every morning.
⑦ He often drinks apple juice every morning.
⑧ Luckily, I passed the exam.
⑨ I love him. However, he does not love me.
⑩ I paid 20 dollars. In addition, I gave them my hat.
⑪ He was, nevertheless, a good friend.
⑫ We have a different background. Accordingly, we are different in many ways.
⑬ I met him. Afterwards, we went to his office.
⑭ Fish are an important source of food for many peoples, especially for island nations who lack the land area for farming. Fish provide their main source of protein for a balanced diet. However, parts of some fish are poisonous.

14. 구/절을 구별하기 ~ 괄호 만들기

① **(Travel*ing* alone) (for** the first time**)**/ was very expensive.
② Drinking Coke every day is one of the bad habits.
③ Some passengers are waving from the window.
④ This tax cut was favored by the president in the hope of boosting the nation's economy.
⑤ Among the acclaimed novelists of our day is Sam, who won the prize for literature.
⑥ Despite the recent renewal of certain areas of older cities, the growth of suburbs continues today.
⑦ Rolex is an expensive watch made in Switzerland.
⑧ Injured by a traffic accident, he was taken to the hospital.
⑨ I am disappointed that he lost all the money he had.
⑩ These stories teach us that we need to plant many seeds in order to grow one plant.
⑪ There was a polished maple dance floor that had to be replaced every two years because of the wear from a lot of dancers, pounding the floor nightly.

15. 보이지 않는 구/절 (괄호) 찾기

Hint: 특별한 동사 뒤의 that의 생략
명사와 명사가 겹치는 곳: wh~, that의 생략
접속사가 생략된 곳: 동사 ~ing, 동사ed

① I/ had Mark (do) his homework.
② I made him study.
③ I have him drink it.
④ I think all students present in this room now are always punctual.
⑤ They believe that our government meets three general kinds of needs.
⑥ The people I was waiting for were late.
⑦ Everything you do matters.
⑧ For a month you have heard no news, only rumors from a few people you've met.
⑨ The effort you put into one area of your life affects all the other parts.

16. 시제

Hint: ⑤의 괄호 안에 있는 will은 의지의 의미이다.

① I/ put it in the boiling water.
② I enclose a check which may come in handy.
③ He went from an actor to governor of California.
④ After his movie career faded, he was elected California's governor in 1966.
⑤ If you will come, I will meet you there.
⑥ I told him I was twenty.
⑦ I was discussing this matter with him the next day.
⑧ My son is taking piano lessons these days.

17. to의 해석

① (**To** watch the TV program)/ helps you (**to** understand other people).
② To talk with him gave me a lot of pleasure.
③ To watch television keeps them out of mischief.
④ To have a friend from abroad sounds very exciting.
⑤ To study hard can lead to better results in school.
⑥ If everybody is free to run red lights, there will be no law and order.
⑦ Mr. Lee is a fool to live beyond his means. (means: 수입, 자력)
⑧ Peter is an angel to wash Brian's car.
⑨ Let me know the people to invite.
⑩ Let me know the people to be invited.
⑪ The man to meet is Mr. Lee.
⑫ The man for you to meet is Mr. Lee.
⑬ There is no letter to be written now.
⑭ Money is the best help to give those victims.
⑮ Mr. Choi is not someone to live with.
⑯ Life is something to be enjoyed; it is not something to be endured.
⑰ Miss Kim will be the Presidential Ambassador to speak to a group of high school students on Wednesday.
⑱ A model's walk at a fashion show is a performance to be enjoyed, not an example to be followed in every life.

18. (wh~ (to))의 해석

① I/ do not know (**wh**at to do).
② I don't know what to say.
③ He does not know what to wear.
④ I want to know what I should wear.
⑤ She knows where to go.
⑥ We asked him how to get there.
⑦ They did not know when to leave their country.
⑧ What I want to know is why you are crying?
⑨ Whether he likes it or not, I will marry Charles.
⑩ The hardest thing in life to learn is which to burn and which to cross.
⑪ That's where to go for my next trip.
⑫ My book is on how to learn English.

19. ~ever

① I/ do not care (**wh**atever you do).
② Wherever you go, I will follow you.
③ Whoever offers me a job, I will work hard.
④ Whatever is worth doing at all is worth doing well.
⑤ You'd better choose whomever you love.
⑥ Whenever dad came into the room, she would go storming out.
⑦ Do whatever you want.
⑧ Take whichever you like.
⑨ When(ever) you want to meet me, you should write a letter to me first.
⑩ Wherever there's smoke, there's fire.
⑪ Whenever possible, I meet my boy friend.
⑫ Whenever I feel sick, I drink coffee.
⑬ Whenever I meet her, I give her a present.
⑭ When he returned home in 1915, he discovered that his success in England had spread to the United States.
   Whatever he did, he achieved what he wanted.

20. ~ing의 해석

① Anybody **not wanting** to drink beer can drink tea instead.
② History is philosophy **teaching** by examples.
③ The person **teaching** English is a friend of mine.
④ I think the baby crying next door might be hungry.
⑤ I am looking for a boy carrying a baseball bat.
⑥ The report being written by your daughter should be submitted by tomorrow.
⑦ The lady working there is my aunt.
⑧ Do you know the girl **talking** to my dad?
⑨ Did you know the girl **talking** to my dad?
⑩ Do you know the girl **talking** to my dad tomorrow?
⑪ Andrew is an aspiring young actor eager to get a part in the movie.
⑫ The driver is stepping down from the bus.
⑬ The cake **being eaten** was not mine.
⑭ The cake **eaten** was not mine. ⑤와 비교
⑮ I sat there drinking coke.
⑯ I sat at my desk listening to music.
⑰ I stand there reading a newspaper.
⑱ I went there listening to music.
⑲ I came here thinking about the matter.
⑳ I lay there listening to music.

① I had fun playing with him.
② I had a good time talking with her.
③ I had difficult time learning English.
④ I had difficulty speaking English.
⑤ I think you will have trouble meeting him.
⑥ I spent a lot of money buying lots of books.
⑦ I wasted my time looking for a job.
⑧ I/ caught him (smoking) (on the street).
⑨ The car was found burning on the ground.
⑩ Do you know the girl (talking) to my dad?   (말하는)
⑪ Did you know the girl (talking) to my dad?   (말하고 있던)
⑫ Do you know the girl (talking) to my dad tomorrow? (말할)

21. ~ed

① It/ is a novel (written) (by Tom Clancy).
② This is the beautiful country founded on the principles of freedom and equality.
③ One of the causes is an institution called government.
④ Most of us have a common desire to participate in and shape the decisions made at all levels by our government.
⑤ This is a Grammy nominated song.
⑥ Have you bought a curved mirror?
⑦ One of these tribes was "the Angelii", known to history as the Angles, who probably inhabited the area that is now known as Schleswig - Holstein.
⑧ Known as the Moorleichen, they are now on view in a number of Danish museums.
⑨ Physically challenged children are the kind of students whom special education teachers deal with.

22. (전치사 + 명사), (전치사 + 동사ing)

Hint: by 동사ing ~ "~서"로 해석한다.
by permitting 허용함으로서 예 ③

① Other writers/ have focused ((**on** capturing the essence) (**of** contemporary life)).
② Many parents are concerned with building better lives for their children.
③ The Constitution tried to remedy this problem by permitting Congress to levy taxes.
④ Unlike most essay contests, this contest doesn't tell young people what to write about.
⑤ After the war he remained in Seoul to study paintings but soon returned to London.
⑥ In poetry, style is determined by such factors.
⑦ In a series of lecturers delivered at the university in 1972, he commented on how he felt about the writing of poetry.

23. that

① You/ will soon realize (**that** you are healthier).
② One important thing that punctuation tells you is when and how long to pause.
③ The computer is a useful electronic machine that serves to extend our brainpower.
④ You probably have a student government that handles issues in your school.
⑤ In 1999, for instance, he estimated that more than $1 trillion would be needed in 2015 alone.
⑥ We are glad that you are able to join us on our wedding anniversary.
⑦ Congress has only those powers that are expressly granted to it by the Constitution.
⑧ This might mean that you'll meet a hundred kids at school before you find one special friend, or you'll try on ten pairs of shoes to get a perfect fit.

24. be + 형용사 + (to 동사)

① It/ is impossible (**to** learn everything) (about it) (at once).
② It is possible to learn something about what your government does.
③ It is important to know what Korean government is, how it works, how it affects lives, and how one can become a part of it.
④ It is hard to raise three children.
⑤ It is hard to transports three children to and from school.

25. be +형용사 + (동사ing)

Hint: 형용사: busy, fortunate, worth는 뒤에 동사ing가 올 수 있다.

① I am busy (mak**ing** money).
② I was fortunate marrying her.
③ The movie is worth seeing.

26. be +형용사 + (to동사)

① I am sorry (**to** do this).
② He was happy to meet his son again.
③ I am pleased to meet you.
④ Mark was shocked to hear the news.

27. be +형용사 + (that 절)

① We/ were afraid (**that** the bear would attack us again).
② He is surprised that the girl is only ten years old.
③ She is sure that the man she loved was a spy from Russia.
④ He is glad that his son won the piano competition.
⑤ Kim is confident that she will finish college in two and a half years.
⑥ It is nice that you are here.
⑦ You should be careful that you do not miss the bus.
⑧ It is necessary that a certain amount of money be spent on a particular program.

28. be +형용사 + (전치사)

① I/ am sorry (**about** that).
② I am worried about my future.
③ I am worried about meeting him.
④ I am sorry about that.
⑤ I am sure of that.
⑥ You should be careful in doing what you want to do.
⑦ He is fond of playing the piano.
⑧ I am responsible for contacting him.
⑨ I am interested in listening to music.
⑩ I think I am capable (of doing this work).

29. 접속사/ ~ing/ ~ed

① (**When** I saw my brother), he was eating dinner.
② We also call it pencil lead, although it has nothing to do with the metal called lead.
③ We can easily identify his work once we are familiar with his style.
④ As you look at the world, you will notice different kinds of government that exists today.
⑤ Although the powers of Congress are great, it is important that you keep in mind that they are limited.
⑥ While there is no limit on the power of the national government to borrow money, Congress can limit the level of the national debt.

30. 형용사 구/절 ~ 관계 대명사/ 관계부사의 해석

Hint: the fact (that ~): that절은 대등절이지만, 해석은 "ㄴ/ㄹ"이다.①
all, everything, something, anything 뒤에 오는 관계사는 항상 생략되어 조심해야 한다.⑫, ⑬, ⑭
what는 what 안에 수식되는 명사인 "것"을 가지고 있다. ⑮

① It/ is the **fact (that** the kitchen is the storage place (for many different pieces) (of equipment)).
② This/ is (**where** we have lived (for almost 20 years)).
③ What about the place (**where** we are going to stay)?
④ What about the place at which we are going to stay?
⑤ What about the place that we are going to stay at?
⑥ What about the place we are going to stay at?
⑦ Jacob rushed to help a man whose clothes had caught fire.
⑧ MTV is a television station that many young people are addicted to.
⑨ It focused on popular tourist destinations where Koreans would like to visit.
⑩ America is a country in which you must do most things for yourself.
⑪ In Korea, we have a democracy-a form of government in which the people rule.
⑫ I will buy you anything you like to buy.
⑬ I want to buy something my son might like.
⑭ All you have to do is to meet him tomorrow.
⑮ He is aware of what we eat every day.

31. 수동태

① It/ **was locked**.
② It was broken.
③ She was getting fat.
④ I am finished with the work.
⑤ It is gone.
⑥ The locals got fed up with living in fear.
⑦ People were shocked by the crime.
⑧ Debbie had been murdered two months earlier.
⑨ They also are used to set up and maintain health and safety standards.
⑩ The important monetary powers are given to Congress-powers to tax, to spend, and to borrow.
⑪ Government's power to tax was written into the Constitution to prevent the government from running short of money.

32. 미래/ 과거

① I/ **will catch** a taxi (when it rains).
② Little traffic was to be seen on the streets.
③ When the weather improves, we will go to the seaside.
④ As soon as it's sunny, we will go there.
⑤ If he comes tomorrow, we won't leave here.
⑥ He **went** to America 10 years ago.
⑦ That was an essential part of the BBC's commission.

33. 완료

① I/ **have just completed** my homework.
② I have lived in Toronto for six years.
③ My son has gone to New York.
④ Mrs. Smith left the house before you came to my house.
⑤ I had lived in London for six years until I met you.
⑥ David had lost his job when he tried to reach you.
⑦ We have tried to form a government that serves the needs of all people.

34. 진행

① What **are** you **doing** now?
② Are you coming now?
③ I was meeting John when you walked into the coffee shop.
④ Jeff was coming to me when you called me.
⑤ Ten years ago when I was working with him, he was a really hard worker.

35. if: 가정법이 아닌 if

① (**If** a figure is a triangle), it has three angles.
② If it is an animal, it is mortal.
③ If your car is making a big noise, it needs a thorough inspection.
④ If she doesn't come to wake me up soon, I'm going to be late for school.
⑤ You're going to be late for school if you don't hurry.
⑥ If Mark has finished his homework, he will go out to meet Jane.
⑦ I will come provided (that) it is fine this evening.

36. 가정법의 표현

① (**If** I were you), I would marry him.
② If I were you, I would stay in tonight.
③ If my son were here, we would find out the secret.
④ Supposing it were true, what would happen?
⑤ I wish I did.
⑥ I wish you had not done that silly thing.
⑦ I wish we could go and play with the others.
⑧ It is time that you got up.
⑨ It is time that you had got up.
⑩ I would be grateful if you could call me as soon as possible.
⑫ I should be happy if he did it.
⑬ I would have been happy if he had done it.

37. 질문의 표현

① **Do** people (in Peru)/ use llamas (to carry their packs)?
② Does the snow seem to have stopped?
③ Does he appear to have lost some weight?
④ Based on this speech, do you think his reputation was deserved?

① **Are** you (in sixth grade)?
② Are kites important in China?
③ Is he traveling to Antarctica?

① **Wh**at do the sellers want most (**to** achieve their goal)?
② How many hours must an average Korean work to buy a car?
③ What qualities does the speaker believe good poetry should possess?
④ What do you think it was in the box?
⑤ What feelings does this document evoke?
⑥ Where have you placed my list of birds?
⑦ What are the advantages of economic growth for all of you?
⑧ How many countries are there in the world?
⑨ How many people are there in India?
⑩ How many oceans are there on earth?
⑪ How many digits are there in a Social Security Number?
⑫ What is the number of the present Congressional term?
⑬ By what does the speaker feel confined?
⑭ Which author was granted permission to perpetuate the fictional character of James Bond originally created by Ian Fleming, who died in 1964?
⑮ In 1985 a British scientific expedition found a huge hole in the earth's ozone layer over the Antarctic. What caused this hole?
⑯ The shooting of which of the following films resulted in a fatal accident for which charges were brought against the director and crew?
⑰ What famous French landmark celebrated its one-hundredth anniversary in 1989?

38. 명령문

① Please **go** ahead.
② Keep your hands off.
③ Keep off the grass.
④ You have to keep your dog off the street.
⑤ Please set the dinner table back a little.
⑥ Read to discover why we have governments and what they do.
⑦ Gather data on the topic.
⑧ Let's drink to her success.
⑨ Use historical information.
⑩ Group information by characteristics.
⑪ Show me all the interesting books you have.
⑫ Write about why you hope that your life will be better than mine.
⑬ Describe the system used to elect senators.
⑭ Just think of many young people who are working for the poor.
⑮ Show your news story to your parents and ask them what they like about it.
⑯ Explain why they might have decided to try a life in Korea.

39. 감탄문과 의문문

① **What** does the weather do (to rocks)?
② What of the following does this story lead you to believe?
③ What do many children in your country do every day?
④ What time do children in Korea go to school?
⑤ What do you know about Japan?
⑥ **How** pretty!
⑦ How pretty she is!
⑧ What a beautiful flower it is!
⑨ What beautiful flowers they are!
⑩ What beautiful flowers!

40. 도치문

① **There is** a book.
② There lived a poor boy.
③ There lies a scandal.
④ There came a man (from Korea).
⑤ There arrived two books yesterday.
⑥ There seems to be a big trouble.
⑦ There goes Jim.
⑧ There he goes.
⑨ There seem to be two reasons for his success.
⑩ There seems no doubt about it.
⑪ There were fifteen people in the room, most of whom were Koreans.
⑫ **Here are** three books.
⑬ Here comes Jim.
⑭ Here he comes.
⑮ He does not work here anymore, and neither do I.
⑯ Inside a pencil, there is a thin stick of a black substance, called graphite.

41. 쉼표

① **My brother, Jim,** is very clever.
② My brother, Dr. Kim, called me.
③ Jim, the well-known pianist, came to my house yesterday.
④ The nurse, whom my wife liked, attended the meeting.
⑤ I checked into the motel, where I completed writing a book.
⑥ Tom, one of my best friends, came over to me yesterday.
⑦ Henry, kind and clever, lives next to my house.
⑧ We talked about the tourist, who died later.
⑨ He has a beautiful, intelligent, and supportive wife.
⑩ For example, some foreigners are interested in Korean.
⑪ To be a doctor, he spent lots of money and time.
⑫ I have two sisters, neither of whom is ugly.
⑬ I read a book by Sydney, a famous American author.
⑭ Seoul, the capital of Korea, is one of the largest cities in the world.
⑮ Consider what happens when somebody who speaks, shall we say, good Old English from the south of the ocean runs into somebody from the north-east who speaks good Old Norse.

42. 영어의 독특한 표현들 1 - 영어의 정해진 표현

① He/ is **not only** brave **but also** smart.
② Not only Peter but I also have heard the news.
③ You will lose not only your money but also your friend.
④ Mary is not only beautiful but intelligent.
⑤ He is smart **as** well **as** brave.
⑥ I as well as Peter have heard the news.
⑦ He is **either** smart **or** stupid.
⑧ You can come either on Monday or on Tuesday.
⑨ Either you should go home, or I should talk to your father.
⑩ He is **neither** smart **nor** cute.
⑪ Mark can speak neither Korean nor Japanese.
⑫ He is **both** brave **and** smart.
⑬ If you lend money, you will lose both your money and your friend.

43. 영어의 독특한 표현들 2 - 동사가 안 보이는 절

Hint: 동사ing/ 동사ed가 쉼표와 같아 있는 표현은 "접속사 + 주어 + 동사"로 생각한다. ②⑦
전치사 with/ on이 동사ing/ 동사ed와 같이 있어도 "접속사 + 주어 + 동사"로 생각한다.
동사가 아예 없는 경우도 있는데, 이 경우도 "접속사 + 주어 + be동사"로 생각한다. ①③④⑤⑥

① (Mr. Kim on the phone), I could not talk (with him).
= (Because Mr. Kim was (on the phone)), I could not talk (with him).

② Peter came (into the room), his face covered (with mud).
= Peter came (into the room) (as his face was covered (with mud)).

③ He sat in a corner, his hands over his eyes.
= He sat in a corner (as his hands were (over his eyes)).

④ He talked to me, his tone confidential.
= He talked (to me) (as his tone was confidential).

⑤ They decided to sing, all the men to take turns.
⑥ All his money was left to his kids, each to get an equal share.
⑦ Tom was on the passenger's side, crouching by the open door.

독해: 종합 2 ~ 추가 문제 (다양한 장르의 글)

1. Metal이 보통 어떻게 추출되는지를 나타내는 표현을 찾아보세요.

There are about 80 known metals.
A few, such as gold, exist on their own, but most are found within ores, which are mined.
Metals are extracted from their ore by heating them with other materials.
The atoms in these substances are rearranged to make new substances.
This process is called a chemical reaction.

답: Metals are extracted from their ore by heating them with other materials.

2. 사람들이 언제부터 고기잡이를 시작했는지를 나타내는 표현을 찾아보세요.

Fishes have been swimming around our planet for almost 500 million years.
They outlived the dinosaurs and many other prehistoric animals.
Over 350 million years ago, certain fishes evolved limbs and became amphibians, starting four-legged life on land.
Today there are over 23,000 species of fishes, which are more than all the other vertebrates added together.
The basic fish design has changed little through the immense time of prehistory.
But there are many variations in shape and size.
People have fished since prehistoric times.

답: People have fished since prehistoric times.

3. battery가 무엇을 포함하고 있는지를 나타내는 표현을 찾아보세요.

Torches need electricity to make them work. However you have to plug them in. They contain their own small stores of electricity in the form of batteries.
A battery contains special chemicals. When you switch the torch on and complete the circuit inside it, these chemicals are converted into electrical energy. The battery acts like a pump and pushes the electricity around the circuit to make the light bulb work.

답: A battery contains special chemicals.

4. 배에 관련한 표현을 찾아보세요.

On one Saturday morning in early August in 1969, a series of bizarre and inexplicable events occurred aboard the fifty five thousand ton luxury liner as it was preparing to sail from the Port of New York to Seoul. Mr. Kim, chief purser of the ship, a capable and meticulous man, ran as he was fond of saying, a "tight ship."

답: Luxury liner, to sail from the Port of New York to Seoul

5. 주인공이 하려고 하는 일을 찾아보세요.

It was about six o'clock in the morning, one day in March.
There were rain-clouds over the hills.
I was wearing my light blue suit with a dark blue shirt and tie.
I was a nice, clean, well-dressed cop.
I was about to meet a handsome man.
From the entrance hall where I was waiting I could see a lot of smooth green grass and a white garage.
A young chauffeur was cleaning a car.
Beyond the garage I could see a large greenhouse.
Beyond that there were trees and then the hills.

답: I was about to meet a handsome man.

6. 이야기 속의 두 사람의 관계를 나타내는 표현을 찾아보세요.

"Come on Heidi," shouted Aunt Dete, impatiently.
"Hurry up." Shining brightly, but Dete had made her wear three dresses, one on top of the other, and a heavy red woolen shawl over the top.
They had left the little town at the foot of the mountain an hour ago.
They were climbing up to the wooden shack where her uncle lived with his two goats.

답: "Come on Heidi," shouted Aunt Dete, impatiently.

7. 주인공의 직업과 성실성을 나타내는 표현을 찾아보세요.

Once upon a time, there was a hardworking shoemaker who was very poor.
One evening, he realized that he had almost run out of leather and had no money to buy more.
There was just enough to make one pair of shoes.
So he cut out the leather, and was ready to make the shoes in the morning.
Then he said his prayers and went to bed.
Although he was worried, he had a clear conscience.
So he slept soundly.
The next morning, the shoemaker arose bright and early and went to his workshop. Imagine his surprise when he found the shoes, already stitched and complete, standing on his workbench!
He picked them up to look at them more closely, and saw that they were held together with the tiniest, neatest stitches he had ever seen.
Surely this was the work of a master craftsman, he thought to himself.
Before long a grand gentleman came into the shop and asked to try on the shoes.
They fitted him so perfectly and looked so splendid that he paid more than the usual price for them.
This meant that the shoemaker was able to buy enough leather for two pairs of shoes.

답: a hardworking shoemaker

8. 상어의 머리에는 무엇이 있어서 먹이를 찾아 낼 수 있나요?

Do you know how sharks find their prey?
One way that sharks find their prey is by smell.
If an animal is hurt, they can find it by smelling just a few drops of its blood.
Besides having a sharp sense of smell, a shark has good eyes and two sense organs we don't have at all.
It has a lateral line, running along its side and over its head, to pick up the vibrations of its prey moving through the water.
It also has jelly-filled canals in its head that can pick up very weak electric currents.
Since muscles make tiny electric currents when they work, a shark can find an animal even if it is hidden under the sand.

답: It also has jelly-filled canals in its head that can pick up very weak electric currents.

9. 어떤 사람에 대한 이야기인지를 알 수 있는 가장 적당한 1개의 문을 찾아보세요.

If you were suddenly to become a millionaire, what would you do with your fabulous wealth?
Would you rush out and spend it all straight away, would you plan carefully what you were going to do with it or would you save it all, never spending or giving any of it away?
If you were to rush out to the shops in order to spend it, you might well find that is more difficult than you imagined.
Like most young millionaires, you would probably spend quite a lot of it on designer-cloths, records, tapes, computers, hi-fis and holiday.
However, you would still have a considerable amount left.
You may start collecting something, like rare stamps, old books, antique dolls or old coins.

답: If you were suddenly to become a millionaire, what would you do with your fabulous wealth?

10. Mozart가 organ 연주자로 일할 때 즐거워했는지를 표현한 것을 찾아보세요.

Wolfgang Amadeus Mozart was born in Austria nearly 250 years ago.
He had a gift for writing music, and he became a composer.
People from all over Europe listened to his music.
He was famous everywhere.
Sadly, Wolfgang only had a short life.
He died poor.

This is his story.
Wolfgang's parents were Leopard and Anna Maria.
They had seven children.
Five children died.
Wolfgang was born in 1756.
Only Wolfgang and his sister, Maria, survived and grew up.
Wolfgang's sister was four years older than he was.
He called her Nannerl, which was a friendly nickname.
When Wolfgang was twenty-three, he took a job in the archbishop's orchestra, playing the organ. He was unhappy and he felt he was treated like a servant.
One of Wolfgang's greatest operas was "The Marriage of Figaro." It tells the story of a man and woman and how they try to get married.

답: He was unhappy and he felt he was treated like a servant.

11. the theory of evolution을 설명하는 문을 찾아보세요.

An important theory in science is the theory of evolution.
It explains how so many different types, or species of plant and animal came into existence.
English biologist Charles Darwin came up with this theory after studying thousands of different plants and animals.
He realized how different species are related to each other.

답: It explains how so many different types, or species of plant and animal came into existence.

12. 이 글이 무엇을 설명하는 것인지를 찾아보세요.

Elephants are big animals.
They have very huge trunks.
The elephant's trunk is over two meters long.
It contains more than a thousand muscles.
Elephants are the only living animals that possess this extraordinary organ.
Elephants can use their trunks in various ways.
In the wild, elephants use their trunks to get food.
They use them to pull up clumps of grass and tap them against their knees to knock off the dirt.
They communicate through their trunks by trumpeting, humming, roaring, piping, purring, and rumbling.
They use their trunks to probe the ground, avoiding pit traps.
They can walk underwater on the beds of deep rivers, using their trunks as snorkels.

contain 포함하다, muscle 근육 possess: 소유하다, extraordinary 특별한, 보통이 아닌, 임시의
organ 장기(동물의) clump 흙덩어리, 수풀, tap 두드리다, knock off 두드려 떨어버리다. 그만두다,
communicate 의사소통하다, trumpet 불다
roar 포효하다, pipe 파이프, 피리를 불다, purr 그르렁거리다. 목구멍의 낮은 소리
rumble 우르르 울리다 probe 탐구(시도)하다, 탐구, avoid 피하다, pit 구멍, 함정,
trap 덫 bed 강바닥, submarine 잠수함, snorkel 스노클

답: the elephant's trunk

13. 질병이 치료되는 방법에 대해 언급한 부분을 찾아보세요.

Doctors have always been concerned with preventing and curing diseases. Modern doctors understand that germs are the root cause of many familiar diseases. But the connection between germs and diseases was not made until the 1850s. Diseases can be cured by using drugs called antibiotics, and can be prevented by using chemicals called antiseptics, and vaccination.

답: Diseases can be cured by using drugs called antibiotics.

14. 밑줄 친 they와 he가 누구인지를 적어보세요.

There was a girl named Soonhee who was in love with a boy named Chulsoo. The girl hoped that **they** would soon be married. One evening when the boy was visiting, she went to the pantry to fetch some cider.
But no sooner was the cider running into the jug than she noticed a banana peel lying on the floor.
"Oh my goodness! Just look at that banana peel!" she said.
"What if Chulsoo and I were to have a son and **he** were to grow up and come into the pantry to fetch some cider?"
"And what if he slipped on the banana peel and landed on the floor? Oh, what a terrible thing that would be!"
And with that, poor girl burst out crying.
Before long, her mother began to wonder what was wrong.
When she went to the pantry she found her crying, while the cider ran all over the floor.
"Oh mother!" sobbed the girl.
"Look at that dreadful banana peel! What if Chulsoo and I were to have a son and he were to grow up and come into the pantry to fetch some cider?
And what if he slipped on the banana peel and landed on the floor?"
"Oh what a terrible thing that would be!" said her mother, and she burst out crying, too.

답: they = Soonhee and Chulsoo, he = Chulsoo

15. mining이 무엇인지를 나타내는 표현을 찾아보세요.

People discovered how to heat certain kinds of rock to extract metals. This is called smelting. It happened about 5,000 years ago.
People dug the rocks out of the ground. This is called mining.
People used metals to make tools and weapons. The waste from mining and smelting was dumped on to the land. This waste was often poisonous.

답: People dug the rocks out of the ground. This is called mining.

16. 밑줄 친 부분을 정확히 해석해 보세요.

Hint: "have + been + 동사ed": 과거의 일정 시간부터 현재까지 일어난 수동의 일을 나타낸 것이다.

Look around. You live in a world of tools and machines.
Your hair has been cut by a tool. Your clothes have been made by a machine. Your food has been cooked by a machine.
Tools and machines make our world a more comfortable place to live, they save us time and effort, and they can do many of the things we are unable to do ourselves. Since earliest times people have been designing machines.
Over the centuries, many simple ideas have been gradually changed from their first simple design.
For example, the knife that was once used to cut grain at harvest time has been developed into a combine harvester (a harvester, sorter and seed beggar put into one super machine).

답: 점차 변화되어 오고 있다

17. 밑줄 친 it가 나타내는 것을 찾아보세요.

In 1993, I was a student in Seoul.
The morning of December 5 had been fine and clear, sunny but cold. About two o'clock in the afternoon I was looking out of the window over the Han River when I noticed a strong, dark line had appeared across the sky.
Gradually, over the next hour it began to get dark.
It began to curl into the room through an open window. It smelled strongly of coal smoke.
The next day the fog became even thicker. Street lights were no help at all. Gradually traffic disappeared.

Seoul became a silent, dead city. Then the fog began to change.
The grey, thick mist turned yellow and began to smell, or rather taste, very bad. When the fog finally began to lift, on the following Tuesday, I saw a really strange sight. The vacant space directly opposite my house was covered with cars, trucks and buses.

답: dark line.

18. 무엇에 대한 이야기인지를 나타내는 1개의 문을 찾아보세요.

There was an accident in nuclear power station in Ukraine.
It was the world's most dangerous accident ever.
At the heart of a nuclear power station is a nuclear reactor.
Inside the reactor a special kind of fuel slowly breaks down, giving off huge amounts of energy as it does so.
In a nuclear power station, the energy is used to heat water to make steam.
The steam drives machines called generators that make electricity.
The day of the accident, an operator turned off the emergency water-cooling system to the reactor to do an experiment on one of the generators.
Nobody switched the cooling system back on again!
This was the first of six mistakes.
The 1,661 rods of uranium fuel were red-hot.
They broke from their metal containers and mixed with the steam.
Huge explosions followed, breaking the floor, walls and roof of the reactor building. The dust from the reactor fire was very dangerous because it was radioactive. Radioactive dust can kill people if they breathe it in.
The following Monday, schools asked parents to collect their children early. They had been told to get ready to leave the city.

답: There was an accident in nuclear power station in Ukraine.

19. 무엇에 대해 말하고 있는지를 나타내는 1개의 문을 찾아보세요.

Should Poachers Receive the Death Penalty?
Rhinoceroses, tigers, sea turtles, and other some animals are facing dangerous situations and are in danger of extinction.
Even though many countries punish illegal game catchers, they have not stop the crime and the numbers of the some animals are decreasing.
Is the punishment harsh enough?

Animal poachers are looking for animals whose numbers are very small on earth. Once one species vanishes from the Earth, there is no way to see them again physically. It would be very sad.
Let's suppose that we could not see elephants, rhinoceroses, tigers, sea turtles, and so on.
In addition, the numbers of all living things in the nature are balanced and the balance is inter-related.
If we lose one, it may create a bad or irreversible effect on the nature.
For example, if we kill most sparrows, the number of insects will be increased because sparrows eat insects.
The increased insects will cause another imbalance in the nature.

However, to stop poaching is not easy because it is money related.
For example, ivory is used for various purposes and the demand for ivory always exceeds the supply because catching elephants is prohibited.
Killing elephants, therefore, is a good way to make a lot of money quickly.
Even though the punishment is relatively severe in comparison with other social crimes, poachers who want to make a lot of money quickly always take the risk.
In addition, because some poachers in Africa are desperate to make their ends meet, that kind of crime may be their only way to survive.
Because the crime is involved in a large amount of money, light punishment cannot terminate it.
Poaching should be punished severely and the death penalty is a good option to stop this crime.

rhinoceros 코뿔소, sparrow 참새, poacher 밀렵자, ivory 상아

답: Should Poachers Receive the Death Penalty?

20. 무엇에 대해 설명한 것인지를 나타내는 가장 적당한 1개의 문을 찾아보세요.

Sewage consists of the wastes that flow from lavatories and drains.
It contains human waste, decaying food and other rotting materials.
It must be purified so that it does not cause disease.
Sewage Works purify water so effectively that some of the drinking water has been through a sewage works and yet is perfectly safe.

In the first stage of sewage treatment, wire nets are used to remove large pieces of solid matter.
Then the liquid is allowed to run through wide pipes, so that grit and small stones settle out.
These two stages remove harmless rubbish.

Then the dangerous wastes-rotting material and wastes from lavatories are allowed to settle out as sludge in large tanks.
Sometimes the water from this tank is pumped into the sea.
The sewage water is mixed with such a large quantity of water that it is no longer a threat to health.
But sewage is often purified in a more thorough way.
It is trickled through a tank that contains large stones.
The stones are covered with a slime in which there are bacteria that can digest the dangerous substances in the sewage.
Then the water is pumped into settling tanks.
Any remaining solids drift to the bottom of these tanks.

Finally the water is purified with chlorine, a gas that kills bacteria.
The water is now safe to drink and can be pumped into the local water supply.
Knowing how we dispose of sewage may not seem nearly as interesting as knowing how your transistor works, but safe disposal of sewage is utterly essential. Without it, life in large modern cities would be impossible.

sewage 하수, liquid 액체, solid 고체의, lavatory 화장실, drains 하수(시설), decay 부패하다, rot 썩다, purify 정화하다, rubbish 쓰레기, grit 왕모래, bacteria 박테리아, sludge 진흙, fertilizer 비료, utterly 완전히, vermin 나쁜 동물

답: Sewage Works purify water so effectively that some of the drinking water has been through a sewage works and yet is perfectly safe.

오늘날 지구상에서 적어도 7억 5천만 이상의 인구가 영어를 사용하지만, 이 중 절반 정도만이 영어를 모국어로 사용하고 있다. 나머지는 영어 때문에 고생하는 사람들이다.

부록

1. 인칭대명사의 변화

	주격	소유격	목적격	~것		주격	소유격	목적격	~것
나	I	my	me	mine	우리(들)	we	our	us	ours
너	you	your	you	yours	너희들	you	your	you	yours
그	he	his	him	his	그(것)들	they	their	them	theirs
그녀	she	her	her	hers					
그것	it	its	it						

주의1: "그, 그녀, 그것"은 둘 이상이면 전부 they, their, them, theirs로 변한다.

주의 2: be 동사 뒤에 오는 보어인 명사는 주격을 쓴다.
저 여자가 너다.   That girl is you.
그녀가 너다.   The girl is you.

주의 3: its와 it's의 차이:
its는 "그것의"이다.   Its cover is red.   그것의 표지는 빨갛다.
it's는 "it is"이다.   It's mine.   그것은 나의 것이다.

2. wh~의 변화

	who, whom, whose		what		which		when, where, why, how	
주격	who	누가	what	무엇이	which	어떤 것이	when	언제
목적격	whom	누구에게/를	what	무엇을	which	어떤 것을	where	어디에
소유격	whose	누구의					why	왜
기타	whose	누구의 것			which	어떤 것	how	어떻게/ 얼마나
형용사			what	무슨	which	어떤		

주의1: wh~의 의미에 **"ㄴ"이 붙어 있으면 형용사**로 뒤에 바로 명사가 따라 온다.
what 무슨 ~ what music 무슨 음악   What music do you like?
which 어떤 ~ which music 어떤 음악   Which music do you like?

주의 2: wh~는 앞에 명사가 있으면 wh~는 관계사로 전부 "ㄴ/ㄹ/의"로 해석된다.
다만, what는 "것"으로 해석한다.
the book (which I have read)   그 책 (내가 읽은)

주의3: when, where는 접속사로 쓰이면, "when ~때에, where ~곳에"로 해석한다.
(When I was a little boy), he was my mentor.   (내가 좀 작은 아이였을 때), ~

3. be/ have/ do의 변화 ~ 동사와 조동사

be동사의 의미: 이다, 있다, 되다
be의 변화: am, are, is, was, were, be (원형), been (과거분사)

		현재	과거
1인칭 (나, 우리들)		I am	I was
2인치 (너, 너희들)		You are	You were
3인칭 (1인칭과 2인칭 외)		He is She is It is Sam is	He was She was It was Sam was

	현재	과거
	We are	We were
	You are	You were
	They are Koreans are	They were Koreans were

have 동사의 의미: 가지다, 시키다
have 조동사의 의미: have + 동사ed, had + 동사ed

have, has, had			
	현재		과거
	단수	복수	
1인칭	I have	We have	had
2인칭	You have	You have	had
3인칭	He ha**s**, She ha**s**, It ha**s**	They have	had

동사 do의 의미: 하다
조동사 do의 의미: 부정과 물음에 사용한다.

do, does, did			
	현재		과거
	단수	복수	
1인칭	I do	We do	did
2인칭	You do	You do	did
3인칭	He do**es**, She do**es**, It do**es**	They do	did

4. 주의 할 형용사 ~ 형용사이지만 ~ing/ ~ed로 끝나는 것

(동사ing)나 (동사ed)처럼 보이지만 원래 형용사인 단어가 있다.
이들 형용사는 대부분 동사와 의미가 비슷하지만, 드물게 다른 경우도 있다.
위치: 형용사이면 명사의 앞에 온다.
비교: 동사ing/ 동사ed는 구/절로 괄호가 되어 거의 명사의 뒤에 온다. ☞ p.134

ing로 끝나는 형용사의 해석: 보통 "는"이다.
interesting 흥미 있는, disturbing 불안하게 하는, 교란시키는, sleeping 자는,
living 살아있는, moving 움직이는, 감동시키는, haunting 잊히지 않는,
alarming, amazing, annoying, appalling, bleeding, bursting, challenging,
charming, confusing, disappointing, disgusting, dying, encouraging, exciting,
existing, increasing, incoming, living, misleading, outgoing, outstanding,
pleasing, pressing, relaxing, remaining, retiring, rising, satisfying, searching,
shocking, starting, surprising, terrifying, trying, worrying

~ing로 끝나는 형용사의 해석: 드물게 "ㄴ"이다.
missing 잃어버린, cunning 교활한, neighbouring 인접한, 근처의

형용사의 의미가 동사의 의미와 다른 것:
acting 대리의, 직무대행의, going 진행 중인, 활동 중인,
running 달리는, 연속적인, driving 추진하는, 정력적인

~ed로 끝나는 형용사의 해석: "~ㄴ"으로 해석한다. "는"이 아니다.
interested 흥미를 가진, accumulated 축적된, escaped 도망간, fallen 떨어진,
swollen 부푼, 물이 부른, faded 빛깔이 바랜, 쇠퇴한, retired 은퇴한, 퇴직한,
married 결혼한, alarmed, amused, appalled, astonished, boiled, bored,
broken, canned, classified, cooked, confused, corrected, delighted,
disappointed, dried, embarrassed, excited, forced, fixed, frightened,
furnished, improved, infected, known, painted, paid, pleased, recovered,
required, satisfied, sophisticated, tired, torn, trained, worried, wasted

주의할 해석: ~ed로 끝나는 형용사: 드물게 "~는"이다: dated 날자가 있는,

형용사가 동사의 의미와 다른 것:
advanced 진보한, 진보적인, assorted 구색이 갖추어진, concerted 합의된,
doomed 불운한, noted 유명한, 저명한, marked 현저한, 저명한,
rugged 울퉁불퉁한, 바위투성이의, spotted 때 묻은, 반점이 있는

5. "의미"가 혼동되는 단어들

(affect, effect)
(affect 동 ~ 영향을 미치다, effect 명 ~ 결과, 동사 ~ 효력을 발생하다.)
① Smoking affects your body.
② Smoking had a bad effect on me.
③ The doctor hoped he could effect a cure for the disease.
④ 비교: Learn how to locate information fast, efficiently and confidently.

(accept, except)
(accept 동 ~ 승낙하다, except 전 ~ 제외하고)
① I will accept your offer.
② Everybody has gone except me.

(all ready, already)
① We are all ready.   우리는 모두 준비되었다.
② I have already finished my homework.   난 내 숙제를 벌써 끝냈다.

(especially, specially)
(especially 특히, specially 특별히)
① There is a shortage of resources, especially water.
② I went there specially to meet my son.

(wry 형 ~ 뒤틀린, 심술궂은, wary 형 ~ 주의 깊은)
(weird 형 ~ 수상한, 무시무시한, 명 ~ 예언, 불운)
(weary 형 ~ 지루한, 동 ~ 지치다, 지치게 하다)
He smiled wryly.   그는 심술궂게 웃었다.

(alternate, alternative)
(alternate 형 ~ 교체의, 교대의, 동사 ~ 교체하다, alternative 명 ~ 대안)
① alternate hope and fear
② A safe alternative to carrying cash, travelers' checks are accepted world-wide.

(complement 명사/ 동사 ~ 보충, 보충하다
compliment 명사/ 동사 ~ 칭찬, 칭찬하다)
① Good wine is a complement to a good meal.
② Thank you for your compliment.

(diary, dairy)
(diary 명 ~ 일기, dairy 명 ~ 낙농(업))
① I always write everything down in my diary.
② the dairy farmer

(economic, economical)
둘 다 형용사이나 economic은 "경제에 관한"의 의미이고 economical은
"경제적인"의 의미이다.
① the economic development 경제 발전
② My car is economical.   내 차는 경제적입니다(기름이 적게 들어 …)

(famous, infamous, notorious)
famous는 좋은 의미로 "유명한"의 의미이나,
infamous와 notorious는 "악명 높은"의 의미이다.
He is famous.   그는 유명하다.
infamous crimes   악명 높은 범죄들
a notorious rascal   소문난 악당

(historic, historical)
historic과 historical은 둘 다 형용사이나 historic은 역사적인 사건, 인물 등에
사용하고, historical은 "역사에 관한"의 의미입니다.
① an historic moment   역사적인 순간
② historical background   역사적 배경

(human, humane)
human 형 ~ 인간의, humane 형 ~ 친절한, 인도적인
① human being   인간
② humane treatment   인도적인 처리

(industrious 형 ~ 근면한, 부지런한, industrial 형 ~ 공업적인, 산업의)
① Koreans are industrious people. 근면한 국민
② industrial policy 산업 정책

(quite 부 ~ 대단한, quiet 형 ~ 조용한)
① Peter is quite good at mathematics.　　Peter는 수학에 아주 정통하다.
② It was very quiet.　　그곳은 조용했다.

(principal 명 ~ 교장, 원금, 형 ~ 주요한, principle 명 ~ 원칙)
① The principal of the school　　그 학교의 교장
② my principle　　나의 원칙

(almost 부 ~ 거의, most 형 ~ 가장 큰, 대부분의, 명 ~ 대부분, 부 ~ 가장)
① We almost missed the bus.　　우리는 거의 버스를 놓칠 뻔했다.
② It's almost bedtime.
③ Sam ate more (than I did), but Tom ate most of all.
Sam이 (내가 먹은 것 보다) 더 많이 먹었지만 Tom이 대부분을 먹었다.

(adopt 동 ~ 입양하다, adapt 동 ~ 적응하다)
① When people adopt a child, the child becomes part of their family.
② The animal adapted itself to the weather slowly.

(childlike 형 ~어린애 같은 (좋은 의미) childish 형 ~ 어린이 같은 (나쁜 의미))
(gingerly 형 ~ 신중한, 부~ 신중히　　gingery 형 ~ 생강 같은, 성질이 급한)
(capital 자본　　　　　　capitol 수도)
(instant 형 ~ 즉각　　　　for an instant 잠깐 동안)
(instance 명 ~ 실례　　　for instance = for example 예를 들면)
(like ~ 과 같은　　　　　such as ~ 보기를 들 때에 사용한다.)
(altogether 부 ~ 아주, 전부　all together 모두 함께)
(amicable 형 ~ 우호적인　amiable 형 ~ 상냥한)
(beside 전 ~ 옆에　　　　besides 게다가, 더하여)
(content 형 ~ 만족스러운　동 ~ 만족하다, contents 명 ~ 내용물)
(deduct 동 ~ 공제하다　　deduce 동 ~ 연역하다, 추론하다)
(device 명 ~ 장치, 고안　　devise 동 ~ 발명하다, divide 동 ~ 나누다)
(dear 형 ~ 친애하는　　　dearly 부 ~ 비싼 값으로, 끔찍이)
(flesh 명 ~ 살　　　　　　fresh 형 ~ 싱싱한
flash 동 ~ 빛나다, 명 ~ 섬광)

(elicit 추출하다　　　　　　　illicit 형 ~ 불법의)
(e. g. ~ for example　　　　 i. e. ~ that is, that is to say)
(eminent 형 ~ 저명한　　　　imminent 형 ~ 절박한)
(inquiry 명 ~ 문의　　　　　 = enquiry)
(habit 명 ~ 습관　　　　　　habitat 명 ~ 서식지)
(ingenuous 형 ~ 재능이 있는 ingenious 형 ~ 독창적인)
(invaluable 형 ~ 값을 평가할 수 없이 귀중한)
invalid 형 ~ 병약한, 쓸모없는)
(judicial 형 ~ 사법의　　　　judiciary 명 ~ 사법부)
(lose 동 ~ 잃다　　　　　　 loose 형 ~ 느슨한)
(loath 형 ~ 싫어하고　　　　 loathe 동 ~ 몹시 싫어하다)
(major 형 ~ 큰 쪽의　　　　 mayor 명 ~ 시장)
(moral 형 ~ 도덕상의　　　　morale 명 ~ 사기, 근로의욕)
(proceed 동 ~ 나아가다　　　procedure 명 ~ 순서)
(personal 형 ~ 개인의　　　　personnel 명 ~ 인원, 인사부)
(solid형 ~ 고체의　　　　　　solitary 형 ~ 외로운, solitude 명 ~ 외로움)
(seasonal 형 ~ 주기적인　　　seasonable 형 ~ 제철의)
(sensible 형 ~ 분별 있는　　　sensitive 형 ~ 민감한)
(sure 형 ~ 확실한　　　　　　ensure 동 ~ 잇달아 일어나다)
(assure 동 ~ 보증하다)
(simulate 동 ~ 가장하다　　　stimulate 동 ~ 자극하다)
(stationary 형 ~ 움직이지 않는 stationery 명 ~ 문방구)
(valuable 형 ~ 귀중한　　　　vulnerable 형 ~ 상처 받기 쉬운)
(terrific 형 ~ 굉장한　　　　　terrible 형 ~ 소름끼치는)
(tow 동 ~ 끌다　　　　　　　toe 명 ~ 발가락)
(through 전 ~ 을 통하여　　　thorough 형 ~ 철저한)
(wave 명 ~ 파도　　　　　　 waive 동 ~ 철회하다)
(relative 형 ~ 비교상의　　　　relative 명 ~ 친척)
(counsel 명 ~ 상담　　　　　 council 명 ~ 협의회 consul 명 ~ 영사)
(formally 부 ~ 정식으로　　　 formerly 부사 ~ 이전에는, 원래는)
(farther 부 ~ 더 멀리, 더 나아가서 further 부 ~ 더욱 더 father 명 ~ 아버지)
(mount 동 ~ 오르다, 명 ~ 오르기 mountain 산　　　Mt. 산)
(story 명 ~ 이야기, 층　　　　stormy 형 ~ 폭풍우의)
(hero 명 ~ 남 주인공　　　　 heroine 명 ~ 여 주인공, heroin 명 ~ 마약)
(iron 명 ~ 철　　　　　　　　irony 명 ~ 풍자)

6. 조동사의 종류 및 의미

will (would), shall (should), can (could), may (might), must, ought to
기타 조동사의 의미

| | 미래 | 추측 | 의지 | 가능 | 허락, 금지 | | 제안 | 요청, 지시 | | 과거 습관 |
| | | | | | 허락 | 금지 | | 요청 | 지시 | |
	ㄹ거	겠		수 있다	도 된다	~ 안 돼	드릴 까요	주세요		곤 했다
will	O	O	O					O	O	
will not	O	O	O			O결코 안 돼				
would	O 틀림 없이	O	O					O 주시 겠어요	O	O
would not	O	O	O							
shall	O	O	O* 옛날 영어							
shall not	O	O				O 안 된다 formal				
should	O 틀림 없이	O						O(기대) ~해 주어야 한다		
should not	O	O				O				
can		O*		O	O			O		
can not		O	O*	O		O				
could		O*		O	O		O수도 있을 텐데	O 주시겠어 요	O	
could not		O	O*	O		O				
may		O*			O			O	O	
may not		O				O				
might		O*					O수도 있을 텐데	O		
must	O 확실히	O 확실히	must*			O결코 안 돼		O주셔야 합니다.		
ought to								O	O(기대) 해 주어야 한다	

3분만 배우면
바로 읽는 **독해 비법**

2009년 3월 2쇄 발행

출판사: Rainbow Consulting   등록: 제 2007-27
저자: Charles Lee

Web page: http://www.rainbowcollege.com
E-mail: webmaster@rainbowcollege.com

ISBN 978-89-959350-1-9 04470

값 9,500원